ESTRATEGIAS DE INVERSIÓN EN DIVIDENDOS

Pedro León Delgado

ESTRATEGIAS DE INVERSIÓN EN DIVIDENDOS

Cómo las interacciones
entre empresas e inversores
influyen en las decisiones
financieras

PIRÁMIDE

Primera edición: febrero, 2026

Diseño de cubierta: Departamento de Arte Grupo Anaya

© Pedro León Delgado, 2026
© Ediciones Pirámide (Grupo Anaya, S. A.), 2026
Valentín Beato, 21. 28037 Madrid
Teléfono: 91 393 89 89
www.edicionespiramide.es

PAPEL DE FIBRA
CERTIFICADA

ISBN: 978-84-368-5132-8
Depósito legal: M. 23.557-2025
Impreso en España - Printed in Spain

Índice

INTRODUCCIÓN

Este libro tiene por objeto realizar un estudio amplio sobre el dividendo distribuido por las empresas, enfocado fundamentalmente a analizar las posibles estrategias de inversión ejercidas por parte de los accionistas y las políticas de retribución decididas por las empresas.

El rendimiento que todo accionista puede obtener de los títulos en los que ha invertido su patrimonio puede provenir de dos fuentes: el incremento del valor de estos y/o los posibles dividendos que ofrecen.

La inversión en dividendos como modo de remuneración al accionista es normalmente considerada como un tipo de inversión conservadora y tradicional. La creencia mayoritaria aboga por la adquisición de acciones que se mantienen en cartera durante el largo plazo como un medio para completar sus rentas, con los posibles dividendos que eventualmente pudieran recogerse.

Otros accionistas consideran que existe una relación directa e inequívoca entre el reparto de dividendos y el incremento del valor de la acción, por lo que la toma de posiciones en un valor que recurrentemente reparte dividendos puede asegurar las dos vías de remuneración anteriormente comentadas.

Sin embargo, puede ocurrir que aquellas empresas tradicionalmente pagadoras sufran un cierto desinterés por parte de la clientela de accionistas fieles a sus dividendos cuando dicha corriente se interrumpa. Surge entonces la discusión sobre la interacción entre los diferentes intereses que puedan tener los Administradores de las empresas y sus propietarios, plasmados en las estrategias seleccionadas por cada grupo respecto al reparto de dividendos.

Este libro se ha estructurado en cuatro partes bien diferenciadas. Comienza con la definición y los conceptos básicos que afectan a los dividendos y a su forma de distribución. Continúa con el análisis de las posibles estrategias que pueden seguir los inversores, enfocadas desde la óptica de la gestión activa de sus carteras de acciones, con el fin de maximizar la remuneración futura obtenida vía dividendos. La tercera parte se detiene en el análisis sobre si las políticas de dividendos puestas en práctica por la empresa pueden alterar el valor de la acción. Finalmente, este libro pretende ofrecer una visión del juego de acción-reacción entre las dos partes que intervienen en los repartos de dividendos: los que los proponen (administradores) y los que los refrendan y cobran (propietarios).

La metodología utilizada es diferente en cada una de las partes, para poder satisfacer el objetivo que pretende cada una. La definición de dividendos y sus posibles estrategias de inversión tienen un carácter marcadamente didáctico y divulgativo. Intentan abarcar el mayor número de aspectos básicos relacionados con el cobro de dividendos a modo de manual de consulta para los potenciales inversores interesados. La relación entre dividendos y el valor de la acción, controversia muy tratada en la literatura sobre el tema, pretende analizarse de manera empírica mediante un estudio propio econométrico realizado con una muestra de empresas cotizadas pertenecientes al IBEX-35. Para tal fin, se ha utilizado la técnica estadística del estudio de eventos. Finalmente, la conjunción de estrategias que pudieran colisionar, por su diferente concepción, es analizada como si de un juego de estrategias se tratara, utilizando para ello la Teoría de juegos y su aplicación científica al reparto de dividendos.

Las principales conclusiones alcanzadas sugieren que las estrategias posibles de inversión en dividendos no se limitan a mantener una cartera y esperar al reparto, sino que responden a la necesidad de realizar una gestión activa de la cartera según el amplio abanico encontrado de estrategias posibles.

Por otra parte, no se ha encontrado una evidencia empírica que soporte que el anuncio de reparto de dividendos por parte de las empresas cotizadas tenga una relación directa con una mayor demanda de sus títulos en el mercado, sosteniendo el postulado de que los dividendos son irrelevantes para el valor de la acción.

Finalmente, en la búsqueda de un equilibrio entre las diferentes decisiones a tomar por los accionistas y los gestores, respectivamente, el pago de dividendos por parte de la empresa es la opción más conveniente cuando la probabilidad de que esta sea rentable es igual o mayor del 50%, mientras que para el accionista es preferible mantener o ampliar su cartera cuando la empresa conserva la misma probabilidad de rentabilidad.

1
CONCEPTOS BÁSICOS

1. Definición de dividendo

El dividendo es la parte del beneficio neto o beneficio obtenido por una empresa después del pago del Impuesto de Sociedades que se reparte al accionista. El beneficio neto empresarial puede tener dos únicos destinos: permanecer en la empresa en forma de reservas o ser repartido al accionista en forma de dividendos. El porcentaje de los beneficios netos que una empresa dedica al pago de dividendos se denomina *pay-out*.

Cuando las empresas pagan dividendos, normalmente realizan pagos de dinero en **efectivo** con salidas de tesorería, que suponen disminuciones de la caja que se ha ido acumulando a lo largo del ejercicio. Por tanto, los dividendos son una transferencia de activos de la sociedad al accionista (Peters, 2008).

Previamente al reparto, la generación de caja neta debe ser utilizada para el cumplimiento de las obligaciones legales y estatutarias de la empresa. Los remanentes generados pueden ser conservados en la empresa en forma de reservas para la realización de nuevas inversiones (reservas voluntarias).

Sin embargo, existen **límites** cuantitativos al reparto de dividendos. En concreto, no se pueden repartir si el patrimonio neto de la empresa es inferior a su capital social, o si, como consecuencia del reparto, se originara esta situación.

Las decisiones de reparto de dividendos las toman los propios accionistas, en las juntas generales de accionistas, siempre a propuesta de los gestores o consejeros de administración de las empresas. Los administradores de la sociedad deben proponer el dividendo, si así se decidiera, en el plazo de tres meses desde el cierre del ejercicio social.

Existen cuatro tipos de dividendos en efectivo:

— Dividendo **único:** con un único pago anual.
— Dividendo **a cuenta:** decidido por los administradores de la empresa durante el ejercicio todavía en curso. Es una primera parte anticipada a cuenta de los resultados que se prevén obtener y con fecha anterior al cierre de los estados contables y de la celebración de la junta general de accionistas. Tiene los límites de liquidez suficiente y de los resultados obtenidos hasta el momento.
— Dividendo **complementario:** la parte que se abona al accionista cuando ya se conocen los resultados reales y tras ser aprobadas las cuentas generales de la empresa.
— Dividendo **extraordinario:** al dividendo a cuenta y al complementario se le pueden añadir dividendos extraordinarios, obtenidos de manera esporádica por la empresa, y que representan las partes de plusvalías obtenidas por negocios atípicos (venta de patrimonio o de empresas compradas a mayor precio que el de adquisición), que se pretenden compartir con el accionista.

La cifra de dividendos se decide como una cantidad global calculada en función de los beneficios y de la caja generada por la empresa. Dicho importe se divide entre el número de acciones que componen el capital social de la empresa, obteniendo una cifra de dividendo por acción, que es la que debe tener en cuenta el accionista minoritario para el establecimiento de sus estrategias de inversión. Es decir, los dividendos se abonan siguiendo el principio de **proporcionalidad:** todas las acciones ordinarias cobran el mismo dividendo. Otras diferentes, como las acciones privilegiadas o preferentes, pueden cobrar un dividendo mayor.

Esta información es importante incluso para la inversión en precios, ya que el dividendo se descuenta inmediatamente del precio de la acción, como veremos más adelante.

Para el cobro de dividendos existe un horizonte temporal determinado por las siguientes fechas:

— **La fecha de anuncio:** fecha en la que se publica en la Comisión Nacional del Mercado de Valores el importe, tipo de dividendo y el resto de las fechas siguientes.
— **La fecha *ex-date* o ex-dividendo:** es la fecha en la que la acción empieza a cotizar, sin de-

recho a que los nuevos accionistas (aquellos que adquieran las acciones durante ese día) tengan derecho a cobrar el dividendo. Tienen derecho al cobro los accionistas registrados como tales el día anterior. La cotización de la acción en la fecha *ex-date* sufrirá un recorte igual al importe del dividendo.

— **La fecha de registro:** que señala el día en que la empresa registrará todos los accionistas con derecho al cobro y, por tanto, la fecha en la que se determinan los titulares inscritos que pueden exigir a la empresa la distribución a su favor.

— **La fecha de pago:** día en que se transfiere materialmente el efectivo a los accionistas con derecho a cobrarlo.

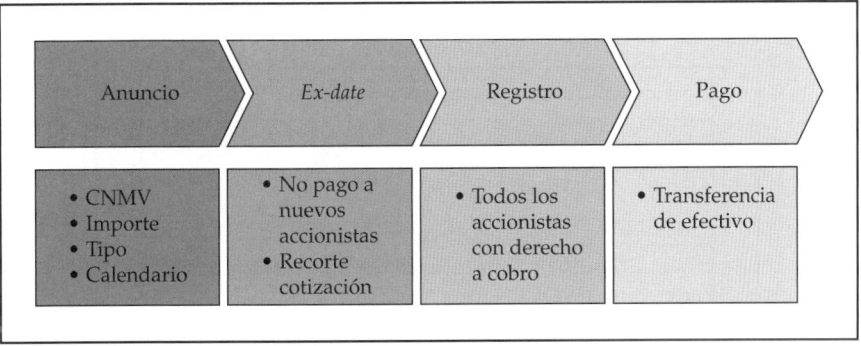

Fuente: elaboración propia.

Figura 1.1.   Fechas clave en el reparto de dividendos.

Debe considerarse que el dividendo es un derecho económico que tiene todo accionista por ser poseedor de las acciones de una empresa y que se genera una vez es anunciado el reparto. Sin embargo, derecho no supone obligación, de modo que la empresa no tiene obligación de pagarlo si no lo decide previamente.

El accionista, que no interviene directamente en la gestión, recibirá una propuesta de los gestores (consejo de administración) de proceder a recibir un efectivo desde la empresa como remuneración a su inversión. No obstante, el accionista es incapaz de exigir individualmente que le sean pagados dividendos, si no lo ha decidido la junta general mediante mayoría.

Además, los dividendos nunca suponen cantidades fijas a cobrar. En este sentido, los dividendos son reconocidos erróneamente como cupones. Los cupones son cantidades fijas, con importes y fechas de vencimiento determinadas previamente y más propios de los títulos de renta fija, en los que los inversionistas ceden su dinero a la empresa a modo de cantidades prestadas, convirtiéndose en acreedores, en lugar de propietarios.

2. Tipos de remuneración al accionista

Hasta ahora hemos planteado la forma de retribución al accionista mediante dividendos pagados en metálico provenientes de los beneficios generados en la empresa. Es el procedimiento más habitual, aunque existen otros distintos.

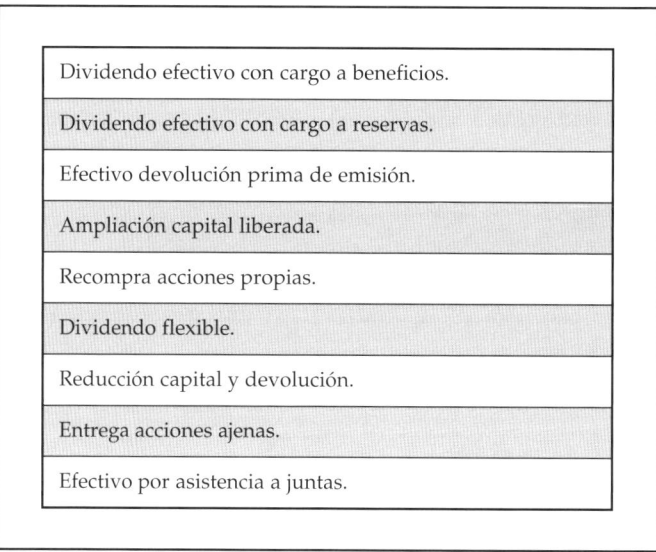

Dividendo efectivo con cargo a beneficios.

Dividendo efectivo con cargo a reservas.

Efectivo devolución prima de emisión.

Ampliación capital liberada.

Recompra acciones propias.

Dividendo flexible.

Reducción capital y devolución.

Entrega acciones ajenas.

Efectivo por asistencia a juntas.

FUENTE: elaboración propia.

Figura 1.2. Principales formas de retribución al accionista.

1. **Pago en efectivo con cargo a reservas,** en lugar de resultados: supone una salida de tesorería desde las reservas voluntarias acumuladas o de libre disposición, a pesar de no lograr los beneficios necesarios. Se produce una disminución de fondos propios y del ratio de endeudamiento de la sociedad. El cobro de dividendos en efectivo puede complementarse con planes de reinversión de acciones en autocartera o acciones nuevas.

2. **Pago en efectivo por reducción de capital con devolución de aportaciones:** supone salida de tesorería con cargo al capital. En todo caso, la empresa acude a sus recursos propios para pagar dividendos.

3. **Pago en efectivo mediante la devolución de la prima de emisión**: igualmente existe una salida de tesorería desde la reserva por prima de emisión acumulada en anteriores ampliaciones de capital realizadas por la sociedad.

4. **Ampliaciones de capital mediante la emisión de nuevas acciones total o parcialmente liberadas:** el antiguo accionista recibe una retribución en forma de nuevas acciones gratuitas o rebajadas, cuyo coste es soportado por las reservas  voluntarias acumuladas en la empresa (o de libre disposición). Se puede recibir efectivo si el accionista no acude a la ampliación de capital y vende sus derechos al mercado. La sociedad debe hacer la correspondiente ampliación de capital sin que varíe el valor de la misma (reclasificación contable de reservas a capital). En este caso, la cotización y el dividendo a repartir por título bajan, al existir un mayor número de títulos a repartir (efecto dilución). La sostenibilidad de los dividendos futuros también puede descender, ya que existirá una menor cobertura en forma de reservas para asegurar una política de dividendos determinada.

5. **Recompra de acciones propias y/o reducciones de capital:** la empresa compra en el mercado acciones propias sin tener derecho a *autocobrar* dividendos propios, por lo que el número de acciones a distribuir disminuye, resultando una mayor proporción de dividendo por acción. Las acciones recompradas se tratan de forma individualizada, generando la denominada autocartera. Los efectos inmediatos para el accionista de la generación de autocartera son la recepción de efectivo por la compra realizada por la empresa y el aumento de cotización como consecuencia de la mayor demanda de dicho valor en el mercado.

   Sin embargo, la recompra en el mercado supone salidas de tesorería que afectan a los dividendos futuros. La sociedad puede tomar la decisión de amortizar acciones en autocartera. Con ello, se reduce el número de acciones en circulación y aumenta el porcentaje de participación en el capital de cada accionista y del beneficio por acción (BPA), que, ante un *pay-out* fijo, aseguran un mayor reparto de dividendos futuros.

La literatura financiera defiende que mientras los accionistas minoritarios premian la distribución de beneficios, los directivos y accionistas de control prefieren distribuir beneficios a través de recompras de acciones, al obtener ventajas específicas relacionadas con el control de fondos, la reducción de adquisiciones hostiles y posibles complementos a la retribución de los directivos (Sáez y Gutiérrez, 2019).

6. **Dividendo opción, flexible o *scrip dividend:*** consiste en una ampliación de capital liberada, en la que la empresa otorga al accionista tres opciones para acudir a dicha ampliación:

   1.ª Suscribir nuevas acciones en proporción a los derechos de suscripción que posee: el accionista recibirá tantas acciones nuevas como le corresponda por las que ya tiene.

   2.ª Vender parte o todos los derechos directamente al mercado: por dicha venta recibe el efectivo correspondiente, mientras que la empresa debe emitir acciones de nueva creación por tales derechos.

   3.ª Vender los derechos a la propia empresa a un precio prefijado por la misma: el accionista obtiene igualmente una renta, a pesar de que son derechos devueltos a la empresa y a los que esta debe renunciar.

En general se produce un aumento del número de acciones en circulación, disminuyendo el valor de cada una de las antiguas. Es decir, el dividendo-opción aumenta el número de acciones, sin aumentar el capital, por lo que se produce un *efecto dilución:* cada acción, tras el *scrip,* vale menos. Esta situación se puede compensar aumentando la autocartera de la empresa y amortizando esas acciones adquiridas *(efecto esterilización).*

Es una práctica muy habitual en países anglosajones, aunque a muchos inversores por dividendo no les parece una retribución real, ya que supone para sus acciones el *efecto dilutivo* que acabamos de apuntar: a mayor número de acciones a repartir entre un mismo valor de patrimonio neto, el valor de cada acción disminuye. Sin embargo, la empresa no debe hacer desembolso alguno, es decir, se ahorra la salida de tesorería de sus dividendos ordinarios.

7. **Reducción de capital mediante reducción de nominal con devolución de aportaciones:** se devuelve capital social a los accionistas. Es una fórmula normalmente adicional al pago en efectivo y excepcional, ya que se devuelve también en efectivo al accionista una parte del patrimonio que tiene la compañía, manteniendo en su poder el mismo número de acciones y su grado de participación en la compañía (puesto que el número de accionistas permanece invariable).

8. **Entrega de acciones de otras empresas financiadas por reservas voluntarias:** la empresa distribuye entre sus propios accionistas reservas de libre disposición materializadas en acciones de otras empresas que posee en su propia cartera. Normalmente se realiza en una proporción determinada de un número dado de acciones de otras empresas por cada acción de la propia.

   Una variante de la anterior es la devolución de la prima de emisión, aunque en lugar de mediante un pago en efectivo, tiene lugar a través de acciones de otras empresas.

9. **Pago en efectivo por asistencia a las juntas generales o extraordinarias de accionistas o pagos en especie mediante regalos u otros bienes.** Viene a compensar los gastos de dietas por alojamiento y desplazamientos para acudir a dichas reuniones. Actualmente están en vía de desaparición, por la posibilidad de asistencia *online*.

3. Fiscalidad de los dividendos

3.1. *Consideraciones generales*

El tratamiento fiscal de los dividendos varía en función de cómo se reciban estos. El dividendo, en su forma de pago en efectivo, tributa de forma general en el Impuesto de la Renta de las Personas Físicas como rendimiento del **capital mobiliario** y se integra dentro de las rentas del ahorro.

En España, los intermediarios financieros deben realizar una **retención** del 19% del importe recibido (porcentaje vigente a la fecha de esta investigación).

Los dividendos se integran en la base imponible del ahorro en su importe íntegro, deducidos los gastos de administración y depósito de las acciones siempre que no correspondan a servicios individualizados o discrecionales de gestión de carteras. Sobre la base líquida resultante se aplican los porcentajes vigentes de las tarifas o tipos impositivos de los rendimientos del capital.

Si los dividendos se reciben en forma de acciones no se aplica retención alguna y su pago fiscal se difiere hasta el momento en que se venden las acciones recibidas, siempre que se obtenga una ganancia de la venta, entendida esta como ganancia patrimonial.

Si el socio es una persona jurídica con una participación superior al 5% durante los doce meses anteriores al cobro de dividendo, dicho accionista estará exento de la retención señalada, debiendo tributar estos rendimientos en el Impuesto de Sociedades.

Debido a su tratamiento singular, dedicamos dos epígrafes específicos al tratamiento fiscal de los dividendos flexibles y de los dividendos cobrados de empresas extranjeras.

3.2. *Fiscalidad de los dividendos flexibles*

Como ya se ha mencionado, en los dividendos opción o flexibles se le otorga al accionista la posibilidad de optar por tres opciones o alternativas, al tratarse de un dividendo instrumentado mediante ampliaciones de capital:

1. Suscribir las nuevas acciones de la empresa en función de los derechos que el antiguo accionista posea. Fiscalmente no tienen consideración alguna, ni están sujetos a retención hasta que se genere una plusvalía, entendida como Ganancia Patrimonial derivada de la venta de las nuevas acciones que han sido generadas por dichos derechos.

2. Vender los derechos de suscripción preferente al mercado, ya que los derechos de suscripción también cotizan en Bolsa. Hasta el año 2016, si se optaba por esta opción no se practicaba re-

tención, ya que el ingreso recibido se consideraba como ganancia patrimonial obtenida cuando el importe de la venta fuera mayor que el valor de adquisición de las acciones. En caso contrario, no existía efecto fiscal alguno. Desde 1 de enero de 2017 están sujetos a retención del 19 %.

3. Vender los derechos a la empresa: en este caso se consideran rendimientos del capital mobiliario y están sujetos a una retención del 19 %.

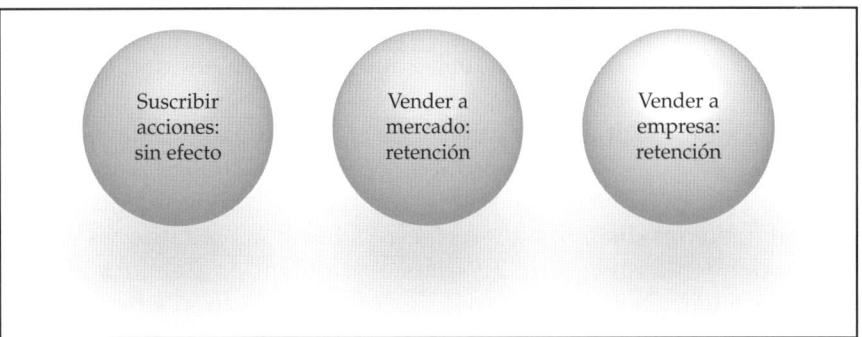

Fuente: elaboración propia.

Figura 1.3. Fiscalidad de los dividendos flexibles.

Normalmente las empresas establecen un calendario para poder optar por una u otra opción. Dicho calendario tiene una cadencia contraria al orden de nuestra explicación; es decir, primero se da la opción de la venta de los derechos a la empresa, que finaliza antes que la venta al mercado y que la suscripción de acciones.

El inversor, a la hora de tomar una alternativa u otra, debe decidir si es fiscalmente más interesante que el *script* se materialice en una ganancia patrimonial (porque tiene pérdidas pasadas a compensar) o en un rendimiento del capital mobiliario.

En este sentido, las bases imponibles positivas generadas por las ganancias patrimoniales de hasta cuatro ejercicios fiscales posteriores a los de una pérdida patrimonial pueden ser compensadas con esta última hasta en un 25 % (porcentaje que difiere en los territorios de régimen foral).

3.3. *Fiscalidad de los dividendos extranjeros*

Se entiende como dividendos extranjeros aquellos dividendos repartidos y pagados por entidades con domicilio fiscal fuera de España y cuyas acciones cotizan en bolsas extranjeras. Fiscalmente estos rendimientos se denominan dividendos provenientes de empresas o entidades no residentes.

La principal diferencia de los dividendos de empresas residentes respecto a los repartidos por empresas extranjeras son sus retenciones.

 Un dividendo extranjero está sometido a una **doble retención:** en origen y en destino. Retención en origen es aquella que practica la entidad extranjera emisora del dividendo y que ingresa en la administración tributaria de su propio país. Cada administración tributaria internacional exige, conforme a sus propias leyes, un porcentaje de retención que, normalmente, es distinto entre países. Es decir, las retenciones en origen responden a un criterio geográfico de obtención de rentas. Por su parte, la retención en destino es la que efectúa la Administración tributaria española correspondiente, como si de cualquier tipo de dividendo se tratara.

El inversor en valores extranjeros debe considerar los siguientes puntos:

— La retención en origen, que es diferente en cada país y diferente según el tipo de empresa emisora. Por ejemplo, la retención de dividendos USA es del 15% en origen, pero asciende al 30% en el caso de las REIT (el equivalente a las SOCIMIS españolas). La retención que se practica en el Reino Unido es variable entre el 0% y el 10%. En otros países de la Unión Europea es incluso superior al 15%.

— Se practica por el emisor, como en todas las retenciones de dividendos, retención que posteriormente ingresará en su Hacienda local.

— El intermediario financiero local realiza una retención del 19% denominada retención en destino, que ingresa posteriormente en la Hacienda española. Esta segunda retención sigue el criterio de domicilio del sujeto pasivo, por el que toda renta generada por el sujeto pasivo, independientemente de su origen, debe ser gravada en el IRPF. Sin embargo, la base de cálculo de la retención en origen está compuesta por los rendimientos netos, es decir, el importe de los dividendos extranjeros una vez deducida la retención en origen.

— Se pueden recuperar las retenciones por el inversor en la declaración de la renta de la correspondiente Hacienda española siempre que exista un acuerdo previo de doble imposición entre el gobierno español y el del país que se trate. Para ello, se deduce de la Cuota Íntegra del Ahorro la menor de las cantidades siguientes:

- El 100% del importe retenido.
- El tipo medio español efectivo de gravamen resultante de todas las rentas gravadas en el extranjero aplicable a la base liquidable obtenida en el extranjero, siguiendo la fórmula:

$$\text{Deducción} = TME \times BL \text{ extranjera}$$

2
ESTRATEGIAS DEL INVERSOR

1. Introducción

Una estrategia de inversión en dividendos es un conjunto de actuaciones repetitivas, que se ejecutan de manera coherente, siguiendo un **patrón** determinado y preestablecido, relacionadas con la consecución de objetivos tendentes al cobro de dividendos. Los objetivos planteados se identifican en la propia definición de la estrategia.

Podemos afirmar que el seguimiento de una estrategia obedece a la realización de una **gestión activa** de una cartera de acciones que proporciona un montante deseado de dividendos para el accionista.

La inversión en dividendos puede parecer una tarea insulsa que depende del arbitrio de las decisiones de la empresa y que, puntualmente, puede generar un ingreso *extra* para el patrimonio del accionista.

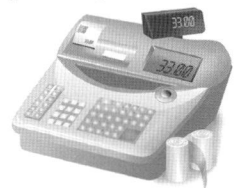 Además, al entregar un dividendo, la empresa reparte una parte de su caja, por lo que dicho dividendo se **descuenta** automáticamente del valor de la acción (fecha ex-dividendo), por lo que es irrelevante para el accionista cobrarlo o no.

Sin embargo, la acción puede recuperar su valor en el futuro, mientras que el accionista ha recibido un ingreso presente. Es decir, la inversión en dividendos debe considerarse fundamentalmente bajo una perspectiva de largo plazo, abriendo un amplio abanico de estrategias disponibles.

En este sentido, la rutina de desarrollo de las estrategias seleccionadas debe permanecer **inalterable** en el tiempo, ya que cualquier cambio injustificado puede acarrear pérdidas irrecuperables derivadas de errores psicológicos. Las decisiones de inversión (o desinversión) dependen no solo de la estrategia elegida, sino también del estado de ánimo y de la percepción de la inversión en el momento de adoptarlas.

Como en todo tipo de inversión, las expectativas de ganancias futuras se consiguen bajo la influencia de dos emociones contrapuestas: el miedo a perder lo invertido (riesgo ante la incertidumbre futura) y la codicia, emoción que parte de la proposición de que el ser humano siempre pretende poseer mayores unidades de bienes o de patrimonio. Ambas emociones derivan en lo que podríamos denominar los cuatro errores más habituales de un inversor (León, 2020):

— La existencia de pérdidas pasadas por decisiones empresariales de no reparto, que conducen a una decisión precipitada de desinversión.
— El aseguramiento de efectivo, relacionado con la inseguridad de carecer de una liquidez personal determinada.
— La focalización en valores familiares, relacionada con la tendencia irracional a confiar en aquellos valores tradicionales o más conocidos con los que se ha trabajado.
— El efecto *manada*, referido al error de confianza depositada en opiniones mayoritarias o consensos de mercado poco fundamentados.

Finalmente, toda estrategia debe ser planificada previamente a su puesta en práctica. En su gestión, el accionista puede aprovechar el margen temporal que permite la obligación de las empresas cotizadas de anunciar el reparto de los dividendos aprobados al menos con dos meses de antelación a la fecha de su correspondiente pago.

2. Planteamiento básico de las posibles estrategias de inversión

Las estrategias encontradas de inversión en dividendos se pueden agrupar en tres grandes apartados:

1. Estrategias basadas en los **fundamentales** de la empresa, referidas a estrategias basadas en las métricas económico-financieras que definen el comportamiento de la empresa.
2. Estrategias basadas en el mercado, es decir, en la variación del **precio** de las acciones según su mayor o menor demanda.

3. Estrategias **diversas,** establecidas según otros criterios, tales como el entorno macroeconómico, regulatorio, etc.

A modo de resumen, la tabla 2.1 presenta un listado de las estrategias a plantear, clasificadas según se defina su despliegue conforme a los tres criterios anteriores.

TABLA 2.1

Estrategias de inversión en dividendos

Según fundamentales	Según precios	Otras
Pájaro en mano.	Preservación del capital.	Teoría de las expectativas.
Vaca lechera.	Volatilidad del mercado.	Dividendos según ciclo.
Cobertura de dividendo.	Momento de la adquisición.	Dividendos diversificados.
Maximización del ingreso.	Captura de dividendos.	Estrategias de separación.
Dividendos residuales.	Efecto sobre cotizaciones.	Composición del capital.
Dividendos no apalancados.		Alternativa acciones-fondos.
Teoría q de los dividendos.		Dividendos y fiscalidad.

FUENTE: elaboración propia.

2.1. *Estrategias basadas en los fundamentales de la empresa*

Se han identificado hasta un total de **siete** estrategias diferentes.

2.1.1. Estrategia de «pájaro en mano»

La estrategia de inversión más básica sostiene que el inversor desea el cobro real de dinero en **efectivo** para aumentar su patrimonio con el efectivo ingresado directamente en su cuenta corriente. Normalmente el inversor se motiva con la recogida de algún dividendo, sea cual sea su importe.

Se denomina «pájaro en mano» ya que solo interesan los cobros actuales y, por tanto, no es necesario esperar a la materialización de ganancias patrimoniales futuras mediante la venta de acciones. Así, conforme a esta estrategia se necesitan adquirir físicamente los títulos necesarios para cobrar puntual o erráticamente algún dividendo. Es decir, solo se pueden conseguir adquiriendo posiciones largas con compras al contado y esperar a la generación en la empresa de beneficios, de caja suficiente y de decisiones futuras a favor del reparto.

Así, el inversor se fijará en empresas con historial de generación de caja y de algún reparto de dividendos.

2.1.2. Vaca lechera *(cash-cow)*

La estrategia de «vaca lechera» consiste en mantener una **corriente constante o creciente** de efectivo monetario recibido por el inversionista, mediante la recepción de repartos continuos de dividendos (ingresos pasivos). Se consigue al ir adquiriendo una cartera de títulos que reparten dividendos de forma recurrente.

En este caso, el inversor no busca el incremento ni la preservación de su patrimonio financiero, sino el mantenimiento de una corriente de ingresos mínimos. Las pérdidas latentes del valor o precio de las acciones son asumidas por el inversor, al que no interesa ni su seguimiento ni su cómputo. Por el contrario, las pérdidas de flujo de efectivo son entendidas como señales de alarma de cambio de la cartera de títulos, como medio para poder recuperar los cobros frustrados. Por tanto, dichas acciones deben tener una alta liquidez (facilidad de compra y venta).

El inversor exprime la fuente de ingresos como si de una mina se tratara, y cuando la corriente de ingresos se pone en peligro, por la ausencia de reparto de alguna acción de la cartera, se debe adoptar la decisión de su desinversión. No es necesario que sean dividendos altos por acción en el momento de adquisición del título; sin embargo, se vigila la posibilidad de interrupción o de disminución del dividendo total anual (por continuar con el símil, se preocupan de que la vaca deje de dar leche).

El accionista solo atiende a inversiones con un historial de pago de dividendos ordinarios constantes o crecientes muy prolongado en el tiempo, provenientes de empresas con sólidas generaciones de caja. En definitiva, adquiere un claro perfil **rentista,** caracterizado por el cobro a largo plazo de ingresos pasivos. Esta estrategia puede ser utilizada como una alternativa más rentable a las inversiones en títulos de renta fija.

2.1.3. Cobertura del dividendo

El índice de cobertura de dividendos es una métrica financiera que mide la capacidad de una empresa para pagar sus dividendos a los accionistas a partir de sus ganancias. Para calcular el **ratio de cobertura** de dividendos, se toma el beneficio neto por acción y se divide entre el dividendo por acción (BPA/DPA). Este resultado nos muestra cuántas veces los beneficios pueden cubrir los dividendos.

Como se puede apreciar, la cobertura de dividendos es el inverso del *pay-out*. Sin embargo, mientras el *pay-out* es comúnmente utilizado por las empresas a modo de compromiso futuro de la parte del beneficio a repartir (normalmente entre una horquilla de porcentajes), el ratio de cobertura ayuda a los inversores a evaluar la sostenibilidad en el tiempo de los pagos de dividendos de una empresa. En cualquier caso, este ratio interesa que adquiera un valor superior a la unidad.

Es decir, un ratio de cobertura de dividendos más alto (en el tiempo o respecto a la competencia) sugiere que la empresa tiene suficiente margen para mantener o aumentar sus dividendos, incluso si se enfrenta a dificultades financieras temporales. Por otro lado, un *pay-out* excesivamente alto puede parecer un síntoma de pérdida de sostenibilidad de los pagos futuros ante posibles descapitalizaciones de la empresa.

En este sentido, la cobertura de dividendos puede controlarse paralelamente junto con el *cash-flow* del accionista (CFA), utilizando ratios como el PCF (precio *cash-flow*), que divide el precio en el mercado de cada acción entre el *cash-flow* del accionista por acción (León, 2020). En nuestro planteamiento de reparto de dividendos podemos avanzar un nuevo ratio que se aproxime al anterior, sustituyendo en el numerador el valor de la acción por el dividendo por acción de la forma DPA/CFA. Es decir, no solo comprobamos el número de veces que el beneficio cubre los dividendos, sino también la proporción de caja disponible para reparto respecto a lo efectivamente pagado.

La estrategia de selección de acciones mediante el ratio de cobertura de dividendos es complementaria a la estrategia de «vaca lechera», ya que pretende mantener una corriente fija de dividendos, pero anticipando el riesgo de que alguna empresa de la cartera pueda llegar a mermar los flujos esperados.

2.1.4. Maximización del ingreso

Consiste en una estrategia en la que el inversor únicamente selecciona aquellos valores que reparten el **mayor dividendo bruto** de su mercado, medidos en valor absoluto. Las carteras que siguen esta estrategia son inestables, con compras y ventas continuas, ya que buscan invertir en los valores que proporcionan un mayor pago en cada período.

El inversionista debe decidir en qué mercado desea operar: nacional, internacional, mercados emergentes, etc. Se puede realizar un estudio previo y comparativo de los mercados de valores cuyas cotizadas reparten globalmente un mayor importe de dividendo entre sus accionistas, considerando los descuentos que los mecanismos fiscales pueden tener en el efectivo final cobrado, tal y como se ha analizado en el punto 3.1 del capítulo anterior.

Esta estrategia así planteada puede resultar en cierto modo **sesgada,** ya que no considera la posibilidad de que el precio de las acciones que reparten más dividendos pudiera ser excesivo y que un presupuesto de inversión determinado limite la adquisición de un número reducido de acciones. En este caso, el montante total de dividendo a ingresar por el accionista puede llegar a ser escaso, ya que los dividendos se reparten como un importe determinado por acción (DPA).

Surge una estrategia variante a la de maximización de cobros que tiene en cuenta la inversión en las acciones que ofrecen una mayor **rentabilidad por dividendo,** entendida esta como el porcentaje resultante del cociente entre el dividendo pagado y el valor de cotización de la acción en el momento del pago. Indica, por tanto, la parte del precio de la acción que suponen los dividendos repartidos. Es conveniente calcular la rentabilidad del dividendo total anual, en lugar de las rentabilidades parciales separadas correspondientes a cada uno de los pagos (a cuenta y complementario).

Sin embargo, el ratio de rentabilidad por dividendo puede llegar a ser un indicador confuso, ya que un ratio muy alto puede deberse a que el denominador del ratio es reducido; es decir, que en el momento de su cálculo la acción objeto de estudio cotice a precios bajos, desvirtuando el objetivo inicial de maximización de los ingresos a cobrar.

La revisión del ratio de rentabilidad por dividendo puede complementarse con **otros fundamentales** de la empresa, tales como su PER, calculado como el cociente: Precio por acción/ Beneficio por acción, lo que indica el número de veces que las cotizaciones superan el beneficio (también neto) de la empresa. Si el PER de una acción es alto, la acción se encuentra sobrevalorada, de modo que a un precio alto se adquieren menos acciones.

De igual modo, el inversor puede contemplar el denominado PVC (Precio valor contable). Se calcula como la proporción siguiente: Precio por acción/Valor contable por acción. Nos informa sobre el número de veces que la valoración del mercado supera a la valoración contable o en libros de la empresa. Mediante este último ratio el inversor puede controlar el denominador de la rentabilidad por dividendo.

Por tanto, la estrategia de maximizar el ingreso supone establecer varios límites de manera personal: lograr una rentabilidad por dividendo mínima, un *pay-out* máximo, un PER (o PVC) máximo y un historial de reparto continuado.

2.1.5. Dividendos residuales

Entendida como una estrategia antagónica de la anterior, el inversionista está interesado en empresas de alto crecimiento y de generación de **valor,** por lo que los dividendos son entendidos como una posible distribución del **sobrante** de los excedentes generados tras la realización de todos los planes de inversión rentables de la empresa. Es decir, esta estrategia no debe ser entendida como una estrategia de inversión en dividendos, sino de inversión en valor.

Algunos autores consideran que los dividendos poseen únicamente un carácter residual, entendido como los remanentes resultantes tras la utilización de los beneficios necesarios para satisfacer las necesidades de **crecimiento** de la empresa (Vendrell et al., 2019). Plantean de igual modo que las empresas practican la teoría de cla-

sificación jerárquica de las decisiones de financiación, por la que las inversiones se acometen preferiblemente con financiación interna, quedando tras ellas un estrecho margen para el reparto en metálico de los restos (Myers y Majluf, 1984).

Las empresas que siguen esta filosofía se apartan de los objetivos de cualquier inversor en dividendos. Surgen «clientelas» de accionistas, discriminadas en función de las preferencias de rentabilidad de los distintos tipos de socios, como será explicado en el apartado 2.5 del capítulo 3.

Por tanto, los accionistas que se conforman con los dividendos residuales consideran el importe del dividendo como irrelevante, aunque sí interesa un posible cobro que pueda incluso ser errático en el tiempo, pero sin llegar a ser el motivo fundamental de compra. Los dividendos se entienden como una posibilidad intermedia de crecimiento patrimonial, aunque el inversor se interesa fundamentalmente por el incremento final de su patrimonio, resultante de una liquidación positiva de la inversión mantenida en el largo plazo (plusvalía).

2.1.6. Dividendos no apalancados

Esta estrategia consiste, en un primer momento, en descartar las compras de títulos de aquellas empresas que desean mantener su corriente histórica de dividendos acudiendo a un **mayor endeudamiento** para su pago, ante una insuficiente generación de beneficios y de caja propia.

Además, esta estrategia se completa con la inversión en empresas de reconocida solvencia, cuyas obligaciones de pago no supongan un peligro para el pago de dividendos actuales y futuros. En este contexto, el inversionista debe estudiar los niveles de apalancamiento (importe de la deuda), los niveles de exigibilidad (la cercanía en el tiempo del vencimiento de esta) y el coste medio de sus fondos ajenos. El cociente entre la deuda financiera y el beneficio bruto (FA/BB) nos indica cuántos años de beneficio deben destinarse para cancelar una deuda, por lo que interesa que sea el menor posible (Torres, 2022).

Ante la ausencia de métricas sencillas e integradas que puedan valorar todas las variables que reconocen la solvencia de una empresa *(asimetrías informativas)*, muchos inversionistas asumen en sus decisiones la opinión mayoritariamente aceptada que ofrecen los *ratings* sobre la deuda de las empresas privadas y que son publicados por las Agencias de Calificación.

Se trata de calificaciones crediticias realizadas por agencias externas y de reconocido prestigio, sintetizadas en una opinión pública, homogénea y de muy fácil comprensión, que intentan evitar la calificación interesada que pudiera hacer la propia empresa sobre su solvencia. Sin embargo, los ratings deben ser valorados con las cautelas necesarias ante la posible existencia de la denominada *inflación de ratings* (que surge tras la compra de ratings por la empresa interesada), y que a la postre podrían desvirtuar las decisiones sobre la capacidad de devolución de las deudas.

2.1.7. Teoría *q* de los dividendos

La **q de Tobin** es una métrica que mide el cociente entre el valor de mercado de la empresa y su valor de reposición o valor contable de los activos. En el numerador, el valor de mercado o de cotización actualiza el valor de los beneficios futuros que se esperan del negocio, mientras que el denominador refleja su realidad patrimonial actual.

Evidentemente, no existe una *q* de Tobin directamente aplicable a los dividendos, pero puede ser útil para anticipar si la empresa tiene **expectativas de crecimiento** o de inversión, lo que restaría capacidad a la empresa de distribución de dividendos.

Por tanto, mediante este ratio el inversionista puede crear sus propias expectativas personales sobre repartos futuros de dividendos atendiendo a un simple criterio:

— Si $q > 1$: el mercado valora a la empresa por encima de su valor material, por lo que las expectativas de crecimiento y de reinversión son mayores, al contrario que las de reparto de dividendos.

— Si $q < 1$: no se valora tanto el valor futuro de la empresa, por lo que la empresa puede estar más dispuesta a repartir dividendo en lugar de reinvertir excedentes, con el peligro de su descapitalización futura.

— Si $q = 1$: la acción está valorada a su valor real, por lo que el mercado exige una rentabilidad similar a la de los activos reales, quedando el dividendo más ajustado a la realidad de la empresa y de su entorno.

En definitiva, el inversionista por dividendo convencido de esta estrategia buscará alternativas de inversión cuya q de Tobin se acerque a la unidad.

2.2. *Estrategias basadas en los precios de las acciones*

A continuación se exponen las estrategias relacionadas con la evolución de los precios de los títulos que reparten dividendos.

2.2.1. Dividendos como preservación del capital

El inversionista entiende el cobro de dividendos como una fuente de ingresos capaz de compensar o **batir a la inflación,** es decir, como medio de evitar financieramente la pérdida de su poder adquisitivo o de compra derivada del aumento generalizado de precios.

La estrategia consiste sencillamente en seleccionar aquellas acciones cuyos dividendos crecen anualmente en valor absoluto con una intensidad similar al incremento de la inflación.

2.2.2. Dividendos ante la volatilidad del mercado

Persigue inversiones en acciones de empresas generadoras de beneficios y caja suficiente para mantener sus pagos de dividendos, como compensación a la enorme variación de precios de las acciones en entornos de alta **incertidumbre,** es decir, de elevado riesgo.

Esta estrategia mantiene el postulado de que las variaciones de precios de una inversión de largo plazo, generadoras de pérdidas latentes, no son relevantes para el inversionista de dividendos, ya que, mientras mantenga su corriente recurrente de efectivo cobrado, las intenciones de venta se disipan.

2.2.3. Dividendos según el momento de la adquisición de la acción

Relacionada con la estrategia anterior, esta estrategia se refiere al estudio por parte del inversionista del momento más adecuado de **compra a bajos precios** o de acciones infravaloradas. Los inversionistas estudian el mejor momento de toma de posición en un valor con capacidad de repartir dividendo; es decir, esperan a que su precio sea bajo para realizar la compra y obtener el mayor número de títulos posible con el mismo efectivo.

Lógicamente, cuando la acción se encuentra barata se pueden adquirir mayor número de acciones con un presupuesto disponible determinado, y, dado que el dividendo se reparte por acción, el dividendo total cobrado será mayor en cada reparto al seguir esta estrategia.

Para materializar la estrategia de compra, las acciones previamente seleccionadas según alguno de los criterios anteriores, deben someterse a decisiones sobre el momento de compra a partir de análisis técnicos o análisis *chartistas* de precios. Para una rentabilidad por dividendo objetivo, se pueden delimitar zonas de sobrevaloración o infravaloración de cada título, haciendo hincapié en estas últimas.

2.2.4. Captura de dividendos

La estrategia de captura de dividendos es diametralmente distinta a las mencionadas hasta ahora, ya que las anteriores implican el mantenimiento de posiciones largas o inversiones en carteras de largo plazo para la recogida de dividendos futuros. En ellas, las desinversiones únicamente responden a la pérdida de confianza debida a la no superación de los criterios establecidos.

Por el contrario, la estrategia de captura de dividendos es una estrategia de inversión de **muy corto plazo,** rozando las prácticas del *trading* con acciones, pero siempre enfocada a la obtención de ganancias vía dividendos.

Consiste en seleccionar la empresa objetivo el día de anuncio de pago de dividendo. Desde la fecha del anuncio hasta el día anterior a la fecha ex-dividendo, el inversor puede adquirir el número de títulos que le permita su presupuesto de inversión disponible, al menor precio posible, al objeto de maximizar el número de título recibidos. Dichos títulos se ponen a la venta desde el día pos-  terior a la fecha ex-dividendo al mismo precio de cotización recuperado anterior a la caída del valor de la acción por el efecto del dividendo (con un stop de venta sobre el precio anterior ex-dividendo).

El inversor pierde la propiedad del título, pero recupera su inversión inicial, manteniendo el derecho al cobro del dividendo, a los que deberá descontar los gastos de gestión de esta operación en acordeón. Los dividendos recibidos aumentan el presupuesto final que se dedicará a captar una nueva empresa que publique el anuncio de su dividendo.

El inversor asume el riesgo de la falta de recuperación o de la recuperación tardía de la cotización anterior al pago, riesgo que puede ser minimizado acudiendo a valores con precios tradicionalmente recuperados en el pasado y a acciones que ofrecen una alta rentabilidad por dividendo.

2.2.5. Dividendos y el precio de la acción

Muchos autores, tanto divulgativos como científicos, defienden que los **anuncios** de un aumento o mantenimiento del dividendo provocan una mayor **demanda** de títulos y, consecuentemente, elevan el precio de la acción.

Entre los múltiples textos divulgativos, Wright (2022) establece zonas de sobrevaloración e infravaloración de precios que, con dividendos actuando en sentido contrario, auguran variaciones de precios como oportunidades de compra y venta.

Otros autores ponen en duda el efecto señal de los anuncios de dividendos, defendiendo la teoría de la irrelevancia del dividendo para el accionista y, por tanto, para el mercado.

Dada la enorme importancia que tiene definir una estrategia de selección de acciones que repartan dividendo como medio para conseguir plusvalías futuras, dedicaremos un análisis completo y pormenorizado de la relación entre el dividendo y la cotización de la acción en el capítulo 3.

2.3. *Estrategias diversas*

Por último, las estrategias que están más relacionadas con el entorno económico (macro, regulatorio, etc.) o de difícil categorización se pueden desplegar atendiendo a la siguiente clasificación.

2.3.1. Teoría de las expectativas

Se refiere a la búsqueda por el inversor de aquellos títulos que anuncian un reparto de dividendo **superior al esperado,** es decir, a la expectativa que el mercado anticipa como dividendo a repartir en el futuro, surgida de la opinión mayoritaria de los analistas.

Los anuncios de dividendo pueden llegar a provocar una mayor demanda de acciones si el importe confirmado por la empresa es superior al esperado por el inversionista, cuando confluyen varios factores como: una mayor generación de beneficios, la llegada imprevista de eventos extraordinarios, la intención de ofrecer una imagen de fortaleza del negocio ante casos de OPA, etc.

En muchos casos, el anuncio puede tener un signo contrario a la expectativa: el importe final a repartir es inferior al esperado, lo que crea un efecto rechazo de los inversionistas seguidores de esta estrategia.

En definitiva, el inversor analiza la corriente temporal de dividendos efectivamente pagados y la compara en cada período con el dividendo que previamente se preveía cobrar, seleccionando aquellas acciones que más períodos ofrecen con superación de las expectativas.

2.3.2. Dividendos según el ciclo

Se refiere a una estrategia capaz de compensar los vaivenes de precios ocasionados por un **cambio de ciclo** en la economía, mediante la inversión en acciones que distribuyen dividendos recurrentemente debido al mantenimiento de su actividad (y de sus resultados), independientemente del entorno económico reinante (recesión o expansión).

Por ejemplo, en coyunturas de recesión económica esta estrategia se decanta por la inversión en acciones *contracíclicas* que aseguran su dividendo al estar más protegidas de la caída de demanda generalizada (bienes de primera necesidad, *utilities*, servicios públicos, etc.).

Igualmente, en situaciones de volatilidad de los tipos de interés, ya sea por presiones inflacionarias o picos y valles de recalentamiento/estancamiento económico, el inversionista prefiere evitar acciones sensibles a los tipos de interés: bancos, compañías de seguros, servicios públicos, etc.

Los ciclos pueden interpretarse como una oportunidad para el inversionista por dividendos según la dirección del mismo. Este tipo de inversionistas aprovechan la existencia de ciclos bajistas para disponer de un mayor número de acciones, al ser su precio más económico que en ciclos de sentido contrario. De esta manera, el inversionista se aprovechará de un dividendo global mayor ante cambios de ciclo, ya que las expansiones mejoran el montante de distribución por acción (Torres, 2022).

Es decir, el inversionista según ciclos interpreta las recesiones como oportunidades de engrosar su cartera, realizando continuas inversiones de pequeño importe a precios reducidos.

2.3.3. Dividendos diversificados

Con el fin de conseguir el mantenimiento de una corriente al menos constante de ingresos pasivos, la gestión de carteras adquiere un papel fundamental, pero no en función de los precios sino de los dividendos. De forma simplificada, esta estrategia asume una gestión de carteras en la que las posibles bajadas del importe a cobrar de dividendos de unos títulos sean **compensadas** con las subidas de otros.

La estrategia de dividendos diversificados puede ponerse en práctica de dos formas, adoptando para los dividendos los tradicionales análisis del riesgo de volatilidad de precios:

— Selección de carteras según las *betas de dividendos:* consiste en comparar la variación en el valor del dividendo entre dos períodos de cada acción de la cartera respecto a la variación del índice general del mercado referido a dividendos, que en el caso español de empresas cotizadas es el IBEX-35 con Dividendos.

— Aplicar el método VaR (valor en riesgo) a los dividendos: para ello se deben contemplar largos períodos de tiempo, ya que, a diferencia del VaR tradicional que analiza cotizaciones diarias, el VaR de dividendos solo puede considerar dos pagos (valores) anuales (el dividendo a cuenta y el complementario).

2.3.4. Estrategias de separación

Se refiere a la inversión en acciones de pymes que pudieran tomar decisiones de no distribución de dividendos en un ejercicio determinado, pero manteniendo **la cobertura legal** del ejercicio del derecho de **separación** reconocido en el artículo 348bis de la Ley de Sociedades de Capital.

El derecho de separación consiste en la recuperación del importe de las acciones por parte de los accionistas minoritarios en situaciones muy excepcionales, tales como la sustitución del objeto social, el cambio de domicilio social al extranjero o la decisión de no reparto de dividendos, entre otras.

En el caso de dividendos, si la junta general de accionistas no acuerda la distribución de un dividendo legalmente repartible por importe como mínimo del 25% del beneficio neto del año anterior, siempre que se hayan obtenido beneficios durante los cinco ejercicios anteriores, el accionista puede ejercer el derecho de separación, incluso habiendo votado en contra del reparto en la junta general.

Sin embargo, las empresas pueden suprimir este derecho de separación siempre que conste esta situación en sus estatutos.

2.3.5. Composición del capital

Relacionada con la estrategia anterior, que pretende amparar la debilidad de los socios minoritarios ante la ausencia de dividendos, esta estrategia se refiere a la selección de acciones con una estructura de composición de su **capital muy atomizada,** en las que las decisiones de distribución de dividendos no se hallen concentradas en un reducido número de inversores.

La existencia de un reducido número de inversores institucionales, con una cuota de participación alta en el capital social (por tanto, una propiedad muy concentrada), puede avivar el riesgo de imposición de una postura de no reparto, en detrimento de los intereses de los minoristas favorables al cobro.

Del mismo modo, los intereses de los gestores de los negocios (consejo de administración) pueden ser contrapuestos con los de los accionistas, tendentes a favorecer la inversión y la continuidad del negocio de los primeros, frente a la decisión de rentabilizar la inversión por parte de los segundos (estas divergencias se explican mediante la denominada Teoría de Agencia, cuyo concepto se amplía en el apartado 2.7 del capítulo 3).

2.3.6. Dividendos en acciones individuales o mediante fondos

En este punto nos enfrentamos a la disyuntiva de **crear una cartera propia** de acciones que logren el objetivo marcado de cobro de efectivo suficiente, mediante la adquisición y tenencia propia de las acciones (obviamente a través de un bróker autorizado), **o invertir en un fondo** de inversión con dividendos.

Los fondos de inversión con dividendos seleccionan cestas de valores con antecedentes y potenciales acreditados de generación de dividendos. Estos fondos pueden ser de dos tipos:

— Fondos de **acumulación:** en los que las rentabilidades y los dividendos pagados por los componentes del fondo son reinvertidos en el capital inicial del mismo.
— Fondos de **reparto:** en los que los dividendos repartidos son transferidos a cada uno de los titulares del fondo en proporción a sus participaciones, satisfaciendo la estrategia de cobro o «pájaro en mano».

Como en cualquier fondo de inversión, los fondos por dividendos pueden ser de gestión activa o pasiva. En el segundo caso, su composición permanece invariable, teniendo que asumir el inversor posibles volatilidades en los importes de los dividendos aprobados. En el primer caso, la gestión la realiza el gestor del fondo, según sus propios criterios, dejando un inexistente margen de actuación al partícipe del fondo en este sentido.

Entonces, la mayor ventaja de una estrategia de dividendos mediante fondos especializados es que el inversor diversifica sin tener que hacer el esfuerzo técnico necesario para la selección de la cartera, siendo el gestor del fondo el encargado de fijar su composición.

Esta misma ventaja puede convertirse en un inconveniente, ya que el inversor debe aceptar unas carteras predeterminadas de títulos que pueden divergir de sus preferencias o de las estrategias previas marcadas. Con estos fondos, el inversor carece de libertad no solo en la selección, sino en la gestión posterior de la composición del fondo, además de tener que aceptar cierta opacidad respecto a la generación de los rendimientos obtenidos.

Para evitar la posible volatilidad de los dividendos aportados por un fondo de inversión, muchos inversores se decantan por los fondos de inversión indexados a índices bursátiles que incluyen las principales acciones distribuidoras de dividendos, como es el caso anteriormente comentado del IBEX-35 con Dividendos español.

2.3.7. Dividendos según su efecto fiscal

Recogiendo lo explicado en el apartado 3 del capítulo 1 de este libro, el inversor en acciones interesado en la **minimización del pago de impuestos** por los rendimientos de capital obtenidos, se enfrenta a la dicotomía entre el cobro de un dividendo inmediato o el cobro de las plusvalías generadas por la venta de las acciones. Los accionistas demandantes de dividendos por su ventajoso efecto fiscal forman «clientelas fiscales» o grupos de presión ante los gestores, que serán objeto de una revisión más amplia en el apartado 2.5 del capítulo 3.

En los mercados o países en los que existe total neutralidad fiscal respecto a los rendimientos del capital, es decir, en los que las retenciones y las tarifas aplicables del impuesto son cuantitativamente en porcentaje las mismas para los dividendos que para las plusvalías, el inversor será fiscalmente indiferente a cualquiera de las dos opciones. Evidentemente, en los mercados con asimetrías de tipos según la forma de obtención del rendimiento, el inversor por dividendo buscará aquellos más favorables al reparto.

Sin embargo, si la única motivación del inversor es la de aliviar la presión fiscal sobre sus rendimientos, trabajando en entornos de neutralidad fiscal, puede decantarse hacia el diferimiento del pago a un momento posterior en el tiempo, es decir, cuando se materialice la venta del título. Por otro lado, si el inversor prioriza un retorno de «pájaro en mano», optará finalmente por el dividendo.

Una solución intermedia que afecta a los dividendos con *neutralidad fiscal* consiste en aceptar la opción de acudir a la entrega de títulos cuando el sistema del pago del dividendo sea mediante la fórmula de dividendo flexible o *script;* o, en su caso, acudir a las ampliaciones de capital en lugar de la venta de derechos de suscripción preferente, para así obtener más títulos sin pago fiscal alguno hasta que los nuevos títulos sean vendidos. Un mayor acopio de títulos por cada valor entraña un posible mayor cobro de dividendos en el futuro.

3
LAS POLÍTICAS DE DIVIDENDO DE LA EMPRESA

1. Introducción

El objetivo fundamental de la empresa es el de **maximizar** su valor. El efecto que la distribución de dividendos empresariales tiene sobre el valor futuro de la acción ha sido y continúa siendo un interrogante sin resolver en la literatura académica desarrollada al respecto.

Muchas investigaciones coinciden en que, derivado de las imperfecciones reales existentes en el mercado, la política de reparto de dividendos puede tener impacto sobre las decisiones del accionista (Gordon, 1963; Lintner, 1956). Otras teorías contrarias se posicionan a favor del postulado de que la política de reparto de dividendos es irrelevante para el accionista (Miller y Modigliani, 1961).

Sin embargo, la conclusión mayoritariamente alcanzada por los distintos autores coincide en la imposibilidad de afirmar categóricamente que la política de dividendos sea decisiva en las decisiones de inversión. Esta es la razón por la que este debate ha sido calificado como el *puzzle de los dividendos*, en el que todavía es necesario encajar todas las piezas (Black y Scholes, 1974).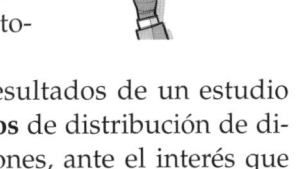

Esta parte tiene por objeto presentar los resultados de un estudio empírico propio sobre el efecto que los **anuncios** de distribución de dividendos tienen en el futuro **valor** de las acciones, ante el interés que los mismos puedan despertar en el inversor de la bolsa española.

Analiza, pues, desde el punto de vista de la *teoría de eventos,* los efectos (*shocks*) de la información que aporta la publicación del anuncio de distribución de dividendos o la ausencia del mismo respecto a períodos anteriores (por ejemplo, Hail et al., 2014; Juichia y Lee, 2021; Puspitaningtyas, 2019; Seyedimany, 2019). Dichos anuncios se consideran una **señal** para la toma de decisiones de inversión. Es decir, este estudio conjuga el estudio de eventos con la teoría de la señalización de la información a partir de la metodología de *datos de panel*.

Como medio de análisis, se plantea realizar el estudio del *shock* informativo del reparto de dividendos en una muestra compuesta por diez grandes corporaciones españolas que cotizan en el IBEX-35 durante el período 2016-2022 y que habitualmente reparten dividendos, en consonancia con la metodología seguida por Park y Rhee (2017) para otros mercados.

En la literatura académica existe un amplio número de trabajos que empíricamente analizan el efecto informativo del reparto de dividendos, tanto en grandes empresas cotizadas como en pymes, y en un amplio espectro de países (véase el apartado 3). Sin embargo, los estudios actuales sobre el efecto de los dividendos en las empresas del IBEX-35 no parecen ser tan prolijos, siendo los de mayor difusión aquellos publicados en décadas pasadas (Lobao et al., 2022).

La elección de la muestra se ha realizado atendiendo a la relevancia de las empresas respecto a su alta rentabilidad comparada por dividendo, su importancia en el selectivo español por capitalización (importancia que subraya genéricamente Jabbouri, 2016, entre otros), su adecuación al perfil teórico de empresas pagadoras de dividendos (justificada por su persistencia de repartos en el largo plazo) y la baja volatilidad de sus cotizaciones que apoyan el logro de resultados insesgados.

Para este fin se plantean tres hipótesis de contraste. De acuerdo con los estudios de Baker y Wurgler (2004), así como los de Juichia y Lee (2021), entre otros autores, planteamos las dos primeras **hipótesis:**

— H1: el anuncio de dividendos de la bolsa española satisface la teoría de demanda y alisamiento en aquellos dividendos sin cambios.
— H2: el anuncio de dividendos de la bolsa española cumple el efecto de señalización en presencia de cambios.

Adicionalmente, y considerando los intereses de los inversores, planteamos la tercera hipótesis:

— H3: el interés de los inversores está relacionado con la duración del período de pago de los dividendos tras el anuncio.

Estas hipótesis se comprobarán encontrando las posibles asociaciones entre los rendimientos residuales entendidos como variable dependiente y dos variables independientes o explicativas: el sentido del dividendo respecto al anuncio anterior (aumento, mantenimiento o disminución) y el número de días disponible para reaccionar ante el mismo (entre el anuncio y su abono).

Las relaciones entre las variables se validan mediante un análisis de **regresión lineal múltiple** por mínimos cuadrados ordinarios, en el que se incorporan tres variables de control relacionadas con los fundamentos de la empresa: los beneficios netos, la ratio de endeudamiento y la variación del CAPEX.

2. Diferentes posturas teóricas sobre las políticas de reparto de dividendos

La revisión de la literatura permite confirmar la **ausencia de un consenso** generalizado sobre el impacto de los cambios de la política de dividendos de la empresa en el valor futuro de las acciones. Así, los diferentes autores no llegan a un acuerdo sobre si los dividendos son significativos para el inversor.

Esta indefinición, sin embargo, ha permitido la apertura de una línea de investigación a partir de datos históricos y situaciones reales, las cuales se circunscriben a mercados determinados con condiciones e imperfecciones específicas que deben precisarse. En todo caso, la controversia se minimiza, es decir, existe un mayor consenso, cuando se plantean las consecuencias de las asimetrías de información y los costes de agencia en la distribución de dividendos.

Las principales posturas teóricas que afectan a la distribución de dividendos se pueden resumir en la figura 3.1.

2.1. *Primeros enfoques*

Los primeros esbozos teóricos sobre el reparto de dividendos parten de Kirshman en 1933, que consideraba estos como una renta cierta, frente a los beneficios retenidos en la empresa, acuñando el concepto de «pájaro en mano» para el inversor (comentado en el apartado 2 anterior). A pesar de la precocidad de este razonamiento, su esencia sigue manteniéndose hoy en día en la mente de muchos inversores que consideran los dividendos como una fuente de algún ingreso pasivo que con-

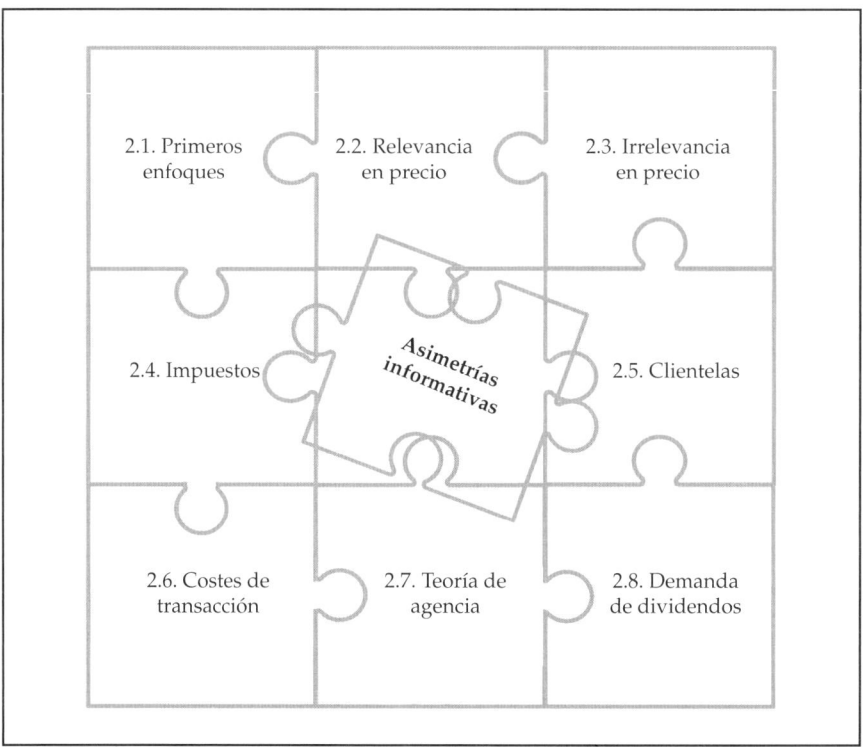

Fuente: elaboración propia.

Figura 3.1.   Posturas teóricas sobre la distribución de dividendos.

tribuye a completar su renta personal. Esta opinión fue posteriormente modelizada por Williams en 1938, entre otros autores.

2.2. *La relevancia de la política de dividendos en el valor de la empresa*

Continuando con el paradigma dominante, a medio camino entre la definición teórica y el análisis empírico, surge el modelo de Lintner (1956), que, apoyado en la realización de una serie de encuestas a empresas, esgrime un modelo en que los dividendos actuales dependen de los dividendos históricos repartidos y del beneficio actual de la empresa, por lo que los gestores empresariales tienden a mantener sus tasas de reparto (Mascarellas, 2011).

Esta postura fue corroborada posteriormente por Gordon en 1961, que estimó que el valor de la acción coincide con la corriente actualizada de los **dividendos esperados** en el futuro. En este sentido, la tasa de rendimiento que los inversores demandarán por sus acciones aumentará si se reduce la tasa de reparto de beneficios *(pay-out)*, ya que los dividendos suponen un medio de pago más seguro que las ganancias de capital. Es decir, la política de dividendos define el rendimiento de la empresa.

2.3. *La postura opuesta: irrelevancia de la política de dividendos*

Sin embargo, el nacimiento de la controversia sobre el papel de los dividendos para la empresa surge con el planteamiento del modelo de Modigliani-Miller en 1961, que aboga por la irrelevancia de la política de dividendos para el inversor en un mercado hipotético de **competencia perfecta** en el que, ante la ausencia de coste alguno de transacción, costes de agencia e impuestos, y ante la existencia de información totalmente transparente y disponible, es económicamente indiferente recibir dividendos o vender acciones para la obtención de rendimientos.

Es decir, dividendos o ganancias de capital son perfectamente sustituibles, luego la cantidad distribuida de los primeros es **irrelevante** para el valor de la empresa, que únicamente depende de su política de inversiones. Por tanto, la capacidad de generar beneficios está directamente relacionada con la rentabilidad de las inversiones que acometa, lo que determina directamente su valor.

Los requisitos del mercado impuestos a esta teoría son excesivos. La realidad económica sobre las imperfecciones reales existentes en el mercado ha dejado un hueco para el debate que aún permanece hasta nuestros días, en función de las deficiencias en las que se enfoque.

2.4. *La política de dividendos ante los impuestos*

Posteriormente, Black y Scholes analizaron empíricamente que, en ausencia de impuestos, al accionista le es indiferente cobrar dividendos o no percibirlos, y que el dinero retenido sea destinado a una ampliación de capital. En el primer caso el montante recibido puede ser considerado necesario para sus propios gastos o puede ser reinvertido en la empresa, por lo que, si se mantiene en la misma con destino a una ampliación de capital, el efecto no varía y la ganancia del accionista se materializa en un mayor valor de la empresa.

Ahora bien, cuando existe un gravamen sobre los dividendos, los inversores han de recibir alguna **compensación** que equilibre el pago entre los impuestos asociados más las ganancias requeridas.

Además, si las plusvalías tributan igualmente, pero de manera distinta a los dividendos, el inversor estará interesado en percibir la alternativa que suponga pagar una menor tributación. En el caso en que los dividendos actuales sean gravados con una mayor presión fiscal que las plusvalías futuras, o cuando el pago de impuestos se difiera hasta el momento de la desinversión (véase apartado 2.3.7 del capítulo 2), el mercado penaliza a aquellas empresas con alta rentabilidad por dividendo (Litzemberger y Ramaswamy, 1982). Surgen las denominadas clientelas fiscales, lo que implica, en todo caso, la asunción de la relevancia de la política de dividendos.

2.5. *El efecto clientela*

Las clientelas adelantadas en el epígrafe anterior se refieren a los **grupos de accionistas** interesados en una sola variable —la diferente carga fiscal— que afecta a la política de reparto. Sin embargo, se pueden generalizar las causas de formación de distintos grupos de accionistas de la empresa, siempre que compartan los mismos intereses (no solo fiscales).

Los accionistas adoptan sus preferencias entre el valor (reinversión de beneficios) o el dividendo (transmisión de liquidez) en función de la maximización de la utilidad que les proporciona la renta generada, ya sea actual o esperada (González, 1996). Es decir, los accionistas son capaces de crear su propia política de dividendos en función de sus necesidades de liquidez. Así, quienes prefieran mayores dividendos líquidos invertirán en empresas que se los suministren, mientras que quienes prefieran lo contrario invertirán en un tipo distinto de empresa, produciéndose, por así decirlo, una segmentación de *clientes*.

Las utilidades de los accionistas fueron el primer paso para introducir la teoría de juegos en las preferencias por los dividendos.

 Este planteamiento derivó en la denominada teoría de la valoración de las ganancias de capital, que identifica distintos grupos o *clientelas* de inversores según su propensión a aceptar rentas continuadas, ganancias de capital o ser indiferentes ante ambas.

Autores clásicos, como Farrar y Selwin (1967), concluyen que las empresas deben fijar políticas de dividendos que maximicen la utilidad de las diferentes clientelas o segmentos de accionistas, utilidad que varía mucho según los requisitos fiscales que afectan a las ganancias de capital. Según estas tesis, la empresa diseñará su política retributiva enfocada en las preferencias de aquellas clientelas mayoritarias o inversores tipo.

Entonces, cuando dos empresas o más tienen el mismo tipo de clientela de dividendo, surge una tensión competitiva entre ellas por ser la que mejor satisfaga dicha necesidad.

2.6. *Los dividendos ante los costes de transacción*

Los costes de transacción se refieren a los diversos **gastos** administrativos, de intermediación, honorarios, etc., ocasionados en los movimientos monetarios generados por el abono de dividendos, así como los derivados de transacciones por la venta de acciones, aumento de capital de las empresas, etc. En un utópico mercado perfecto estos costes serían nulos.

Los costes de transacción están relacionados con la teoría de los dividendos residuales (adelantada en el apartado 2.1.5 del capítulo 2). Esta teoría se basa en el hecho de que cuando existen costes de emisión en nuevas acciones, a una empresa le interesará más retener beneficios que tratar de recabar dinero vía ampliaciones de capital. En consecuencia, el pago de dividendos solo se llevará a cabo en el caso de que los beneficios no se destinen a invertir o, lo que es lo mismo, cuando haya «beneficios residuales» que no se requieran para financiar nuevos proyectos de inversión en crecimiento.

Algunos autores, como Shefrin y Statman (1984), consideran que los inversores demandan dividendos líquidos altos, capaces de cubrir no solo sus necesidades de consumo, sino también cualquier coste de transacción, además del coste psicológico de arrepentimiento ante la venta de acciones.

Desde la óptica de la empresa, Higgings (2009) considera que el comportamiento racional de las mismas les induce a diseñar políticas de dividendos capaces de minimizar sus costes de transacción y de liberar niveles de liquidez adecuados para hacer frente a sus inversiones rentables: flujos de caja insuficientes conllevan ampliaciones de capital, con sus costes de transacción derivados. En el extremo opuesto, los flujos de caja excedentarios suponen costes elevados de mantenimiento de capital circulante.

2.7. *Los dividendos y la teoría de agencia*

La teoría de agencia se fundamenta en la relación *contractual* entre los administradores de la empresa (internos) y sus propietarios (externos), por la que los últimos ceden o delegan la gestión total de la empresa en los administradores, sin ejercer un control continuo, sino únicamente sancionando periódicamente los resultados de su actuación (Abbaszadeh et al., 2022).

En este contexto pueden surgir **discrepancias** entre los **intereses** de los actores internos y externos de la empresa. La separación de intereses genera deficiencias y costes de agencia que deben ser minimizados. Las divergencias más comunes entre los grupos con implicaciones sobre los dividendos nacen cuando los administradores centran su interés en mantener una política de expansión de la empresa mediante el recurso a una autofinanciación de crecimiento que contrae el *pay-out* (León, 2021). La expansión prevista se logra aprovechando oportunidades de inversión rentables que pueden llegar a acrecentar el valor de la empresa a largo plazo.

Pero, por otra parte, los propietarios o externos pueden apreciar que dichas inversiones aportan más riesgo a la empresa, con la desventaja añadida de encontrarse sin opción para plantear alternativas a las propuestas emanadas desde el consejo de administración. En este sentido, los dividendos podrían servir como mecanismo para conciliar la separación de intereses de los distintos grupos (Reig y Alarcón, 2004).

Finalmente, el resto de los desencuentros entre gestores y accionistas son muy acertadamente recopilados por Peña et al. (2015), que en común restan valor a la empresa y que se resumen en:

— El posible esfuerzo ineficiente en la gestión, o por debajo del esperado por los accionistas.
— La existencia de *holguras financieras* o excesos de *cash-flows*, que impulsan a invertir precipitadamente en proyectos no rentables.
— La existencia de una *miopía directiva*, en el sentido de buscar objetivos de corto plazo mientras dura su estancia en la empresa.
— Las *asimetrías* entre el riesgo que soportan unos (para los accionistas riesgo económico) y otros (para los directivos riesgos profesionales).

— La seguridad en el empleo, que induce a los gestores a replicar el comportamiento de la mayoría, ante el temor de su destitución.

— La existencia de intereses privados de los gestores (riesgo moral), como el reconocimiento social, el clientelismo o la necesidad de pertenencia a clubes privilegiados con costes adicionales para la empresa (Wang et al., 2022).

2.8. *La teoría de la demanda de dividendos*

La teoría de demanda de dividendos *(catering dividends)* preconiza que, independientemente de los resultados obtenidos, la empresa debe **satisfacer una demanda constante** de dividendos ejercida por los propietarios para evitar caídas futuras de la cotización (Baker y Wurgler, 2004). Cualquier muestra contraria implica poner en peligro la reputación y las expectativas sobre dicho negocio.

En el caso de empresas tradicionalmente no pagadoras, si la demanda de su dividendo torna al alza se procederá a su pago, mientras que si los inversores prefieren empresas de valor, estas no pagan dividendos, ya que no se demandan. La preferencia se materializa en el mercado atribuyendo precios altos a aquellas acciones con dividendo. En definitiva, estos autores demostraron que el dividendo está relacionado con el sentimiento del inversor (factor psicológico), añadiendo así el nuevo enfoque denominado *behavioral corporate finance* a la política de dividendos.

Es importante anotar que, en aquellas empresas tradicionalmente pagadoras, los administradores intentan mantener su política de reparto de dividendo a ultranza, incluso financiando los dividendos mediante un mayor endeudamiento externo en ausencia de liquidez suficiente, lo que no solo incrementa el riesgo de  la empresa, sino que además puede ocasionar disminuciones indeseadas en el ROE cuando el coste medio de la deuda total es elevado (León, 2021).

Consecuentemente, un mayor apalancamiento de la empresa implica mayores costes en términos de recursos adicionales destinados al pago de la ampliación de la deuda, lo que puede hipotecar la generación de beneficios y dividendos futuros (Harakeh, 2020).

En el fondo de la teoría de la demanda de dividendos subyace la existencia de grupos de inversores únicamente interesados en el flujo de efectivo hacia sus patrimonios, es decir, grupos o clientelas que demandan la percepción de una corriente determinada de dividendos. Si dichas demandas no son satisfechas los inversores no varían su demanda, sino que buscan otras empresas que puedan satisfacerla, al menos como en el pasado.

Es decir, de nuevo surge el concepto de la amenaza de desinversiones (ventas) y el posterior deterioro del precio de cotización de las acciones que interrumpen o disminuyen pagos tradicionales de dividendos, o que se encuentran penalizadas por otras empresas más generosas. Por tanto, esta teoría soporta igualmente la posibilidad de una competencia en dividendos entre empresas con perfiles pagadores similares.

2.9. *Las asimetrías informativas*

Las asimetrías de información están estrechamente relacionadas con los problemas de agencia. Uno de los mayores motivos de desencuentro entre el control y la propiedad de la empresa posiblemente es la **diferente información** sobre la situación y sobre las decisiones y estrategias de la empresa en manos de cada uno de ambos grupos. En este caso, nos encontramos ante un juego de información imperfecta (véase capítulo 4).

Cuando los intereses difieren entre las partes, los gestores tienden a reservar la transmisión de información a los accionistas, no tanto sobre el diagnóstico real de la empresa (se debe cumplir la obligación de ser auditadas y de publicar los informes económico-financieros), sino en cuanto a las inversiones necesarias con rentabilidades positivas y su efecto expansivo en el futuro.

El consejo de administración posee toda la información relativa a las inversiones, mientras que los accionistas únicamente manejan la información depurada y entregada por el consejo de administración. Este desequilibrio se ha definido en la literatura financiera como *asimetrías de información* entre los grupos de decisión empresarial y constituye el escenario sobre el que girará el núcleo de esta investigación.

Las asimetrías de información suponen una deficiencia fundamental del mercado. En su ausencia, es decir, en un mercado perfecto, todos los participantes tendrían acceso a idéntica información y, por tanto, podrían mantener las mismas expectativas de generación de caja en el futuro y de utilización de dicha liquidez para la retribución al accionista (González, 1996). En este caso, la política de dividendos es irrelevante.

La realidad indica lo contrario. La información es diferente y su divulgación supone un mecanismo de «manipulación» del mercado que influye decisivamente en la generación de expectativas distintas para los inversores en función del segmento o clientela a la que pertenezcan.

En todo caso, las asimetrías no deben entenderse únicamente desde una óptica interesada para una de las partes, sino como salvaguarda de un interés conjunto para la empresa, en el sentido de que la información sobre la rentabilidad de las inversiones y la tendencia futura de la empresa deben ser guardadas con discreción, para impedir su conocimiento por parte de las empresas competidoras (Menéndez y Guerrero, 1994).

Ante esta deficiencia, los dividendos también pueden jugar un papel regulador. La literatura se ha detenido en estudiar la alternativa de mantener dividendos a costa de futuras ampliaciones de capital. Sin embargo, el anuncio de una ampliación de capital puede ser entendido por el mercado como una señal de debilidad por parte de la empresa, siempre que la información distribuida no la desmienta.

Del mismo modo, el mantenimiento o aumento de dividendos puede ser entendido como un indicio de la fortaleza en la generación actual y futura de caja y de beneficios (Jabbouri, 2016). Es decir, la comunicación de próximos dividendos ofrece una señal de confianza al inversor: un incremento sobre la cantidad de dividendos esperada suele ser descifrado como una buena noticia, mientras que una rebaja sobre el anterior suele indicar malas expectativas (Miller y Modigliani, 1961). Aunque el dividendo altera inmediatamente el precio de cotización en el importe repartido, la información nueva generadora de expectativas de beneficio puede evitar que el precio vuelva a caer e incluso auparlo. Estas conclusiones son las alcanzadas por la *teoría de la señalización de los dividendos*.

Las señales informativas adquieren especial protagonismo en la teoría de las expectativas, basada en una mayor valoración de lo que se espera que suceda en el mercado y en la empresa en el futuro, que en lo que está sucediendo en la actualidad. Cuando un anuncio no coincide con lo esperado, es decir, cuando las expectativas no se materializan en la realidad, el mercado penaliza las acciones a la baja en su precio.

La teoría de la señalización confiere a los dividendos un papel especial que compensa la ausencia de información real sobre la empresa. La falta de evidencias y de confianza entre los accionistas queda amortiguada por el anuncio del mantenimiento de la capacidad para ser retribuidos.

La idea que subyace bajo la teoría de la señalización del dividendo es su utilidad como instrumento de *diferenciación* de aquellas empresas que distribuyen dividendos estables frente a las que son incapaces de generarlos (Pastor, 1999). Las empresas que anuncian repartos de dividendos envían signos al mercado de su buena gestión, como señal de distinción frente a aquellas que representan una gestión más deficiente, ya que los dividendos no pueden imitarse cuando las empresas no generan beneficios sostenidos y liquidez suficiente en el tiempo (Bhattacharya, 1979).

Siguiendo esta argumentación, la obligación autoimpuesta por las empresas de mantener o aumentar sus dividendos puede significar un incentivo para que los gestores mejoren su eficiencia (Gómez-Bezares y Apraiz, 2012).

Sin embargo, las señales pueden ser confusas si provienen de empresas centradas en su crecimiento, ya sea porque no distribuyen dividendos habitualmente o los pagos son erráticos, por lo que las variaciones en el valor de las acciones provienen de anuncios no esperados por el mercado (*shocks* de distribución de dividendos no esperados).

3. Estudios empíricos anteriores sobre la política de dividendos

La inexistencia de un paradigma dominante, junto con la coexistencia de las dos concepciones contrapuestas expuestas anteriormente, ha llevado a que las distintas investigaciones se decanten por encontrar **relaciones empíricas** entre las variables modelizadas y las políticas de dividendos, como punto de apoyo a cada teoría.

Las posibles relaciones econométricas entre dividendos y el valor de la acción han sido, y continúan siendo, el hilo conductor que asemeja a todos estos estudios. Las variables seleccionadas, mercado objeto de estudio, datos de panel muestral y metodologías de análisis son los elementos usuales en estos análisis. De esta forma, el análisis econométrico es usado como una herramienta empírica para teorizar o, como en este caso, para arrojar alguna luz en el debate no resuelto sobre el peso de las diferentes concepciones expuestas.

En este sentido, el primer estudio empírico clásico conocido fue el ya comentado de Lintner, a pesar de no utilizar datos de panel ni de realizar un análisis econométrico al uso. Los siguientes trabajos emprendidos se concentran en completar los estudios anteriores, modificando alguna de las variables y aplicando distintas técnicas econométricas, para concluir apoyando alguna de las dos posturas encontradas.

Los estudios **clásicos** más significativos que refrendan la irrelevancia de los dividendos respecto al valor de la acción, incluso ante la evidencia de costes de transacción e impuestos, son los realizados por Black y Scholes (1974), quienes, utilizando el método CAPM, no llegaron a encontrar relación alguna entre las rentabilidades esperadas de las acciones y la rentabilidad por dividendos, justificando la distribución de dividendos únicamente como vehículo de compensación del pago de impuestos para aquellas clientelas con mayor carga fiscal.

En idéntico sentido, pero eliminado el efecto fiscal, concluyen estudios como los desarrollados por Miller y Scholes (1982), Bhattacharya (1979) o Brickley (1983), entre otros.

En el otro extremo teórico, los estudios que apoyan la relevancia de las decisiones de distribución, destacan los realizados por Darling (1957), que corrobora las conclusiones del trabajo de Lintner, pero añadiendo la variable *expectativas* al modelo; el estudio de Fama y Babiak (1968), que utiliza técnicas de regresión de Montecarlo para observar que el dividendo depende de la seguridad de su preservación en el tiempo; o el trabajo de Litzenberger y Ramaswamy (1979), que utiliza el método CAPM para concluir que la disminución de dividendos guarda una relación directa con la apreciación del valor de la acción. En sentido contrario se pronuncian estudios como los realizados por Auerbach (1983) o Barclay (1987), entre otros.

Los estudios empíricos relacionados con las **asimetrías de información** que constituyen el objeto de nuestra investigación, concentran su atención en la influencia informativa de los anuncios de los cambios de dividendos (*shocks* positivos o negativos) sobre el precio del mercado. Destacan los trabajos iniciales de Pettit (1972), Charest (1978) o Aharony y Swary (1980), entre otros, que encuentran rentabilidades positivas en los meses posteriores al anuncio, mientras que los emprendidos por autores como Christie (1994) encuentran rentabilidades en sentido contrario.

Bajo entornos de asimetrías informativas, autores como Allen y Michaely (2003) o De Angelo et al. (2008) averiguan que una política de dividendos conservadora tiene un efecto restrictivo en la política de inversiones empresariales, derivado de los problemas de acceso a fuentes de financiación externa. Estudios más recientes (Hail et al., 2014; Harakeh, 2020) concluyen que los requisitos legales laxos, que reducen la falta de transparencia informativa empresarial hacia los *stakeholders,* reducen asimismo el efecto restrictivo de los dividendos sobre las inversiones.

El *efecto señal* de los dividendos es ampliamente recurrido en la literatura más actual. Ham et al. (2020), utilizando el método de *ventanas de eventos,* aseguran que los anuncios de cambios positivos en el dividendo predicen niveles superiores de ganancias y *cash-flows* permanentes a largo plazo.

En idéntico sentido se posicionan Gian y Robiyanto (2023) al apuntar a que el efecto señal de los dividendos es significativo cuando los dividendos actuales se comparan con los inmediatamente anteriores y se refuerzan con la existencia de ganancias altas y persistentes en el tiempo (avalando la teoría del «pájaro en mano»). Homburg et al. (2018) modelizan incluso el tipo de mensaje o señal lanzada (confusa, informativa, aclaratoria o perfecta). Relacionan los beneficios históricos y su relación con los anuncios actuales de dividendos hasta concluir que, a medida que los mensajes son más reveladores, las dudas del inversor sobre la tendencia a mantener beneficios pasados disminuyen.

Los estudios realizados por Puspitaningtyas (2019), Hail et al. (2014) y Metha et al. (2014), entre otros, refuerzan la relación directa entre cambios de dividendo y ganancias, al reducir asimetrías informativas, si bien únicamente en períodos cercanos a la fecha del anuncio, es decir, cuando se produce el *shock* informativo. Finalmente, Juichia y Lee (2021) expresan su convicción de que la persistencia de un dividendo sostenido (o alisado), medido como porcentaje del beneficio *(pay-out),* junto con la negativa de los administradores a recortar dividendos pasados, sirven como canal de señalización de las expectativas positivas que estos tienen en la generación de beneficios futuros.

Sorprenden, por otra parte, los estudios de Chinpiao y An-Sing (2015), que, mediante modelos lineales y no lineales, avalan la hipótesis del efecto señal sobre las ganancias, pero en sentido negativo, es decir, los cambios de dividendo afectan negativamente a las ganancias futuras. En idéntica línea se postulan las conclusiones de Kim et al. (2022) sobre el mercado bursátil coreano para aquellas empresas que tradicionalmente reparten dividendos.

Las posturas se completan con investigaciones como la emprendida por Khan et al. (2016) en un mercado emergente, que concluyen aseverando la escasa eficacia de los dividendos como señal de variación de las cotizaciones (únicamente significativo en fechas post-anuncio cercanas), siendo la información facilitada sobre el logro de beneficios la verdadera causante de las reacciones en los precios.

En una línea similar de razonamiento, Shahrbabaki et al. (2020) propugnan que el aumento de dividendos no preconiza un aumento de ganancias, pero la disminución del dividendo augura caídas futuras de beneficios. Igualmente, con ventanas temporales reducidas (3 días desde el anuncio), el trabajo de Park y Rhee (2017) introduce un avance significativo al estudiar empresas pagadoras de dividendo recurrente incluso por encima de sus posibilidades de liquidez (con cargo a reservas), tras retener el importe destinado a las inversiones previstas (valor residual del dividendo). Sus anuncios de cambios positivos del dividendo reflejan mejores expectativas de ganancias, mientras que en las empresas no pagadoras los cambios negativos de dividendos implican mejores expectativas de inversión.

No solo existen estudios sobre el impacto de las señales en las ganancias y precios futuros, sino también sobre el apalancamiento y los *cash-flows* venideros. Como ejemplos, Jabbouri (2016) establece una correlación negativa entre estas variables y el pago de dividendos, y positiva respecto al tamaño empresarial y los *cash-flows* actuales, opinión compartida para esta última variable por el trabajo de Hail et al. (2014).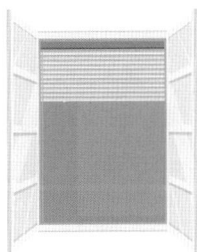

Otros artículos siguen la senda de análisis de ventanas temporales reducidas en torno a la fecha del evento. En otros casos, la investigación realizada por Seyedimany (2019) aumenta la temporalidad de la ventana hasta 40 días en torno al evento para anuncios de acciones del NASDAQ, pero fijando ese período invariable para las cinco empresas seleccionadas como muestra. Sus averiguaciones afirman la inexistencia de efectos o *shocks* informativos de dividendos en las cotizaciones de las ventanas temporales.

Finalmente, las investigaciones empíricas para el caso del **mercado español** se concentran en la década de los años noventa, destacando los estudios de: Arrázola et al. (1992), que enmienda el modelo de Lintner; Núñez (1994), que apoya los cambios informativos positivos que alteran cotizaciones; González (1996), que introduce la metodología de eventos en España y de modelización de variables (CAR, por ejemplo) que se utilizan hasta nuestros días; Ruiz y Espitia (1996), que refuerza la eficacia informativa de los dividendos, y Pastor (1999), que reitera las tesis de los anteriores autores acudiendo a avances paramétricos.

Las investigaciones recientes disponibles sobre el efecto señal son más escasas e igualmente avalan las conclusiones anteriores, acudiendo a modelos de correlaciones espaciales y temporales (Salmerón y Ruiz-Medina, 2011); estudios centrados en las ganancias en lugar de en los precios, sin evidencia de correlación alguna (Palacín, 2010), o referencias ciertamente innovadoras, como la correlación encontrada entre aumentos inusuales del volumen de contratación y cambios en el dividendo (Lobao et al., 2022).

TABLA 3.1

Ejemplos de estudios empíricos sobre los dividendos y el precio

	Relevancia	Irrelevancia	Asimetrías informativas
Clásicos	Lintner	Black y Scholes	Pettit
	Darling	Miller y Scholes	Charest
	Fama y Babiak	Bhattacharya	Aharony y Swary
	Litzenberger y Ramaswamy	Brickley	Christie
Actuales	Ham	Khan	Puspitaningtyas
	Gian y Robiyanto	Shahrbabaki	Hail
	Homburg	Seyedimany	Metha
	Juichia y Lee		Park y Rhee
Españoles	Arrázola	Palacín	Salmerón y Ruiz
	Núñez		
	González		
	Lobao		

Fuente: varios autores y elaboración propia.

Todos los argumentos anteriores nos muestran cómo la **controversia** teórica sobre la relevancia de la política de dividendos, y en concreto el efecto señal que la información de su distribución tiene sobre las cotizaciones, continúa siendo una materia sin resolver, que deja un amplio campo abierto para investigaciones posteriores.

4. Relación entre los dividendos y el valor de mercado

4.1. *Método de estudio*

4.1.1. Contexto del análisis empírico

Dado que el objeto de la investigación es el efecto de la **información** sobre el reparto de dividendos en el **valor futuro** de la acción de las grandes empresas cotizadas españolas, se pretende estimar la **reacción** en el accionista de la información proveniente de los anuncios de distribución de dividendos, ante variaciones en su importe respecto al dividendo anterior, dentro del período estimado para la toma de decisiones de inversión.

El posible efecto sobre el accionista se evaluará analizando las cotizaciones posteriores al anuncio de las acciones de una muestra de empresas con mayor capitalización del **IBEX-35**. La elección de este mercado se sustenta sobre tres argumentos básicos. En primer lugar, el IBEX-35 incluye los 35 valores más representativos de la bolsa española en términos de capitalización bursátil. En segundo lugar, la bolsa española destaca por su alta retribución por dividendo.

En efecto, durante el año 2022 fueron distribuidos cerca de 26.000 millones de euros, es decir, en torno a un 27 % más que en el año precedente. Igualmente significativa es su elevada rentabilidad promedio por dividendo comparada con la remunerada en otras bolsas: un 4 %, frente  al 2,8 % de la bolsa alemana o el 2,1 % de la bolsa norteamericana, entre otras. Además, el dividendo a largo plazo explica el 70 % de la rentabilidad de los índices de rendimiento (TR) frente al 60 % del Eurostoxx 50, ofreciendo una beta más ajustada y menor volatilidad (BME, 2023).

Por último, la elección de este mercado obedece a la escasa literatura relacionada con el impacto de la política de dividendos en las cotizadas del IBEX-35, y aún más escasa sobre las consecuencias informativas de la divulgación de su distribución (Lobao et al., 2022). Parece un contrasentido que, en una Bolsa con un peso tan relevante del dividendo sobre la rentabilidad general ofrecida, los estudios sobre el efecto señal sean tan escasos (en el año 2022 el IBEX-35 anotó una rentabilidad por dividendo del 4%, frente a una rentabilidad en precios del −5,6%).

De acuerdo con el marco teórico y las hipótesis lanzadas, esta investigación intenta buscar, en primer lugar, evidencias empíricas de la existencia de una **demanda** de dividendos por parte de los accionistas, mediante una tendencia que pueda mantener intactas sus expectativas de rentas personales, tal y como defienden Baker y Wurgler (2004), argumentación que soporta nuestra primera hipótesis. En efecto, la existencia de un *alisamiento del dividendo,* entendido como el **mantenimiento** del importe del año anterior dentro de una política de reparto sostenible en el tiempo, presupone la seguridad de mantenimientos de carteras por parte de los accionistas, que reciben mensajes sobre la solidez de ganancias y *cash-flows* futuros (Juichia y Lee, 2021).

En segundo lugar, los **cambios** en el importe del dividendo, respecto a los repartidos el año precedente, implican reacciones en idéntica dirección por parte de los inversionistas, corroborando la teoría de la señalización de los anuncios de pago (Puspitaningtyas, 2019).

Avanzando en la investigación, nos planteamos la posibilidad de que el contenido del anuncio influya en la decisión de los inversores. Homburg et al. (2018) clasifican los anuncios de pago en función de su claridad. Los anuncios de dividendos de la bolsa española, en general, presumen de ser concretos respecto al tipo de dividendo (a cuenta o complementario), importe por acción y fecha de pago.

Creemos, por tanto, más interesante centrar el estudio en el *timming* en lugar de en el contenido. La antelación temporal con la que el dividendo es publicado respecto a su fecha efectiva de pago (*dividend lag,* lapsos o *ventanas de dividendo*) puede ser un factor determinante en la decisión del inversor para la toma racional de decisiones en función de la gestión de sus propias carteras. Esta consideración es soportada por numerosos estudios actuales y pasados (por ejemplo, Liljebom et al., 2015, Pastor, 1999 o Seyedimani, 2019), que analizan normalmente dos intervalos temporales de estudio: muy corto plazo (alrededor de la fecha del anuncio) y plazos superiores (uno o dos meses).

Algunos autores, como Ham et al. (2020), incluyen el tiempo del anuncio como una variable más del modelo. Sin embargo, el factor común compartido en la mayoría de las investigaciones realizadas es la

TABLA 3.2

Fechas de distribución de dividendos en los principales bancos del IBEX-35 (2018-2022)

	2018		2019		2020		2021		2022	
	Complemt.	A Cuenta	Complemt.	A Cuenta	Complemt.	A Cuenta	Complemt.	A Cuenta	Complemt.	A Cuenta
BBVA	01/02/2018	26/09/2018	01/02/2019	02/10/2019	31/01/2020	30/04/2020	29/01/2021	30/09/2021	03/02/2022	29/09/2022
Caixabank	22/02/2018	25/10/2018	01/02/2019			26/03/2020	29/01/2021		28/01/2022	
Santander	23/03/2018	16/07/2018	18/12/2018	24/09/2019	29/01/2020	29/07/2020	25/03/2021	28/09/2021	24/02/2022	27/09/2022

Fuente: CNMV BBVA, CaixaBank, Santander y elaboración propia.

ausencia de justificación sobre la elección de una temporalidad u otra (suele ser aleatoria).

Por tanto, este enfoque se diferencia de otros anteriores en la adopción de **ventanas temporales reales** como ámbito no solo de trabajo, sino también de investigación. Cada anuncio se estudia con su período de pago real con el fin de intentar averiguar si la duración del anuncio puede ser un factor que influya en la toma de decisiones por parte del inversor, llegando así a comprobar la H3 planteada.

Se ha constatado que anuncios de períodos cortos responden a un comportamiento de inmediatez de la señal (Park y Rhee, 2017), mientras que anuncios de largos períodos de pago con aumentos de cotizaciones traslucen comportamientos **racionales** en la gestión de carteras.

Considerando todo lo anterior, se plantean diversas fechas a considerar para el análisis, algunas de las cuales se presentan en la tabla 3.2 a modo de ejemplo (la totalidad de fechas para el conjunto de la muestra se presenta en el apéndice).

4.1.2. Metodología analítica y variables

El enfoque que se alinea con mayor adecuación al objeto de nuestra investigación es el de la metodología de *estudio de eventos.* Esta busca la posible reacción del accionista mediante la relación entre las ganancias o pérdidas de rentabilidad obtenidas por un título-valor en fechas anteriores y posteriores a la publicación del anuncio de pago de dividendo, es decir, la divulgación del dividendo como señal de inversión. Un amplio abanico de trabajos anteriores avala esta decisión, como los ya mencionados de Mehta et al. (2014), Liljeblom et al. (2015), Puspitaningtyas (2019), Seyedimany (2019) o Ham ct al. (2020), entre otros muchos.

Esta metodología se conjuga con la herramienta de **panel de datos,** mediante la cual, acudiendo a series históricas temporales de datos para cada uno de los elementos de la muestra, realizamos cortes transversales temporales en todas las series, definidos por la variable explicativa clave en este estudio: la *fecha de publicación* del anuncio de pago del dividendo.

La creación de un modelo de contraste que compruebe el cumplimiento de las tres hipótesis anteriores (sumariamente, H1: demanda de dividendo, H2: señalización del dividendo y H3: temporalidad del anuncio) debe ser entendido como un medio de comprobación de las posibles relaciones existentes entre las variables que mejor definen los eventos y sus consecuencias en la inversión. Dicha relación se evidencia utilizando un **modelo econométrico** de regresión lineal múltiple mediante mínimos cuadrados ordinarios.

Los efectos señal de los anuncios se estiman mediante la **variable endógena** o respuesta que denominaremos como CAR, y que mide la obtención de rendimientos anormales o *residuales* acumulados *(Cumulative Abnormal Returns)*. La variable endógena CAR es utilizada en multitud de estudios previos, entre los que destacan los realizados por Park y Rhee (2017), Homburg et al. (2018), Seyedimany (2019), Shahrbabaki et al. (2020) o Ham et al. (2020), aunque con diferentes aproximaciones. Esta será la variable a explicar en el modelo.

Los rendimientos en términos de comportamiento de un título en el mercado se suelen calcular como el exceso de rentabilidad de un activo objetivo sobre un activo libre de riesgo, acudiendo a multitud de indicadores de medición 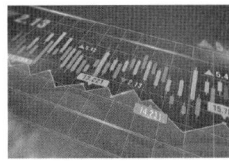 como los utilizados por Miralles-Quirós y Miralles-Quirós (2022): ratios de Sharpe, Treynor, Omega, Kappa, exceso de rentabilidad sobre el valor en riesgo, etc., autores que igualmente utilizan la metodología de cotizaciones sobre ventanas móviles para otras disciplinas distintas al estudio de los efectos de la distribución del dividendo.

En nuestro modelo, los **rendimientos anormales o residuales** se definen como la diferencia entre la rentabilidad realmente obtenida tras la fecha del evento menos la rentabilidad normal o aquella que cabría esperar en ausencia del evento (rentabilidad de contraste). No debemos confundir el concepto a utilizar como variable respuesta del modelo con el concepto de *valor residual* entendido como el pago tras retener el importe destinado a las inversiones previstas (Park y Rhee, 2017). Si el anuncio provoca reacciones en los accionistas, la rentabilidad residual debe ser significativamente distinta de cero (Pastor, 1999).

Utilizaremos rentabilidades diarias calculadas mediante logaritmos (Feria, 2005; Khan et al., 2016; Kim et al., 2022; Seyedimany, 2019). Dichos rendimientos se computan durante una ventana temporal (o *ventana de evento*), cuya duración en este modelo comienza desde la fecha del evento hasta la fecha de pago *ex-ante* o límite en la que los inversores pueden adquirir acciones para aprovecharse del dividendo. Este período será individual para cada evento, y debe entenderse como el período más adecuado para medir la reacción del inversor.

Para estimar la rentabilidad residual o anormal diaria[1] utilizamos el *modelo de rentabilidad ajustada media* (o *modelo cpmam*), en consonancia con los modelos desarrollados por Brown y Warner (1985), que detraen de la rentabilidad diaria el promedio de rentabilidad durante el lapso temporal simétrico inmediatamente anterior a la fecha del evento o *ventana de contraste* (Pastor, 1999). Finalmente, la variable dependiente CAR será el valor promedio de las rentabilidades diarias residuales durante la ventana del evento.

El modelo se despliega con la inclusión de dos variables o **atributos exógenos** o explicativos, necesarios para contrastar las tres hipótesis planteadas. La primera variable explicativa se refiere al **contenido** del anuncio y la denominaremos ANT (tipo de anuncio), que puede adquirir tres niveles o posibles categorías:

1. Aumento.
2. Mantenimiento.
3. Disminución.

Con el fin de evitar inconvenientes econométricos de orden y proporcionalidad en las predicciones modelizadas, este atributo politómico se debe descomponer en tres variables *dummy* respectivamente, siguiendo la metodología propuesta en trabajos como los de Khan et al. (2016) o Homburg et al. (2018):

— *ANT1 (ANTaumenta):* adquiere valor 1 si el importe del dividendo aumenta entre el año n y el año $n-1$, y adquiere el valor 0 en caso contrario.
— *ANT2 (ANTestable):* adquiere valor 1 si el importe del dividendo no varía entre el año n y el año $n-1$, y adquiere el valor 0 en caso contrario.
— *ANT3 (ANTdisminuye):* adquiere valor 1 si el importe del dividendo disminuye entre el año n y el año $n-1$, y adquiere el valor 0 en caso contrario.

La segunda variable independiente del modelo será la **duración** del anuncio o AND. Introduciremos el *timming* como variable explicativa,

---

[1] Entendemos en este capítulo 3 la rentabilidad residual como concepto de estudio de rendimientos anormales respecto al resto que influyen en la cotización, concepto diferente al utilizado en el apartado 2.1.5 del capítulo 2.

tal y como adoptan investigaciones anteriores como las realizadas por Metha et al. (2014) o Ham et al. (2020). Mediante esta variable, el modelo intentará comprobar la hipótesis H3. Para mantener una coherencia general con el conjunto del modelo y con la realidad del inversor, la variable cuantitativa AND tendrá el mismo valor temporal que las ventanas de evento y de contraste explicadas anteriormente.

La literatura desarrollada sobre nuestra materia sugiere que existen variables empresariales que influyen sobre la *performance* de las cotizaciones, completamente aisladas del efecto señal, pero íntimamente relacionadas con las decisiones de reparto de dividendos. Consideraremos estas variables como *variables de control*, en sintonía con investigaciones emprendidas como la de Ham et al. (2020), Lobao el al. (2022) o Rossi y Harjoto (2019).

La primera variable de control es la variación del **beneficio neto** obtenido trimestralmente por la empresa (*BEN*), elegida por una profusión de autores como Khan et al. (2016), entre otros, que apuntan a los beneficios como verdaderos impulsores de la política de dividendos. Asociaremos la variable a la informa-  ción trimestral publicada inmediatamente anterior a la fecha del evento.

La segunda variable de control es la variación trimestral del **nivel de apalancamiento** (DEBT), entendida como la ratio de deuda total entre el total de activos. Hail et al. (2014), Harakeh (2020) o Jabbouri (2016), entre otros, confirman la existencia de una relación directa entre un mayor apalancamiento y mayores costes financieros como condicionantes para la distribución de dividendos. Utilizaremos también la variación trimestral del apalancamiento existente previa al anuncio.

Por último, y siguiendo los postulados de teorías como las defendidas por De Angelo (2008), Ham el al. (2020) o Park y Rhee (2017), que sostienen que la política de dividendos tiene un efecto restrictivo en la política de inversiones empresariales, y es más propia de empresas con escasas iniciativas de inversión, creemos conveniente incluir los **planes de inversión** medidos en términos de variación trimestral de CAPEX, tal y como proponen Park y Rhee (2017) o Harakeh (2020), entre otros.

Finalmente, el modelo incluye cuatro variables *dummy* **sectoriales:** DINDB (sector financiero), DINDE (sector eléctrico), DINDP (sector petróleo), DINDO (otras empresas), como también adoptan Juichia y Lee (2021) o Kim et al. (2022), para atender el efecto industria o la implicación sectorial en el modelo.

La tabla 3.3 recoge un resumen de las variables consideradas en este estudio.

TABLA 3.3

Resumen de variables intervinientes en el modelo

Endógena/ explicada	CAR: rentabilidad residual acumulada.
Exógenas/ predictoras	ANT1: anuncio de **aumento** del dividendo respecto al año precedente. ANT2: anuncio de **mantenimiento** del dividendo respecto al año precedente. ANT3: anuncio de **disminución** del dividendo respecto al año precedente. AND: duración del anuncio desde publicación hasta fecha *ex-ante* de pago.
Control	BEN: variaciones del beneficio neto trimestral. DEBT: variaciones del apalancamiento trimestral. CAPEX: variaciones del CAPEX trimestral.
Dummy	Variable industria.

Fuente: elaboración propia.

4.1.3. Selección de la muestra y horizonte temporal de estudio

La selección de empresas objeto de análisis se concentra en tres **tipos de industria:** sector financiero, eléctrico y petrolífero. Estos sectores son los que ostentan una mayor representatividad en el IBEX-35 conforme a sus volúmenes de capitalización (véase figura 3.2). Se utiliza un cuarto sector, que denominaremos *otros*, como contraste sectorial a modo de comprobación de la competencia sectorial en el reparto de dividendos.

Se ha seleccionado una muestra correspondiente a diez empresas del IBEX-35 que mantienen un equilibrio en la distribución sectorial planteada:

— Sector financiero: BBVA, Santander y Caixabank.
— Sector eléctrico *(utilities):* Endesa, Naturgy y Redeia (Red Eléctrica Española).

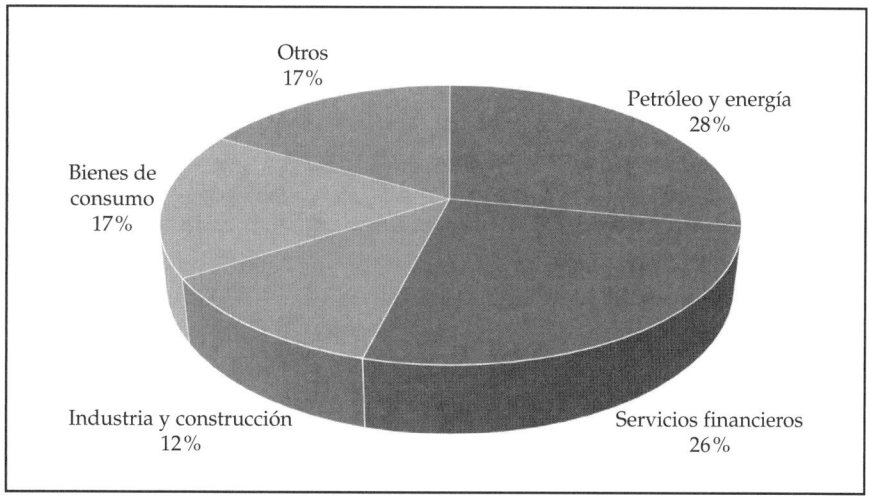

Fuente: BME y elaboración propia.

Figura 3.2.   Capitalización sectorial del IBEX-35 en el año 2022.

— Sector de petróleo y gas: Repsol y Enagás.
— Sector de otras empresas: Telefónica y Mapfre.

La **selección de la muestra** de estudio responde a la tipología de empresas cotizadas que mejor se adaptan a las características propias del estudio:

— Son empresas que tradicionalmente reparten dividendos con políticas de alisado o dividendo sostenido en el tiempo, en el sentido de que no responden a un patrón de pago de dividendos erráticos, y que, por tanto, pueden generar expectativas controvertidas derivadas de la señal de cambio (Park y Rhee, 2017). Todas las empresas seleccionadas han repartido dividendos durante los diez últimos años, con una periodicidad ininterrumpida, a excepción del caso de Caixabank.
— En general, son empresas con elevadas ratios de rentabilidad por dividendo. El dividendo forma parte de su concepción de generación de rentabilidad. A cierre del ejercicio 2022, la rentabilidad por dividendo de todos los integrantes de la muestra seleccionada se encontraba por encima del promedio del conjunto del IBEX-35; la mitad de la muestra se incluía en el *ranking* de las

diez mayores empresas en distribución de dividendos conforme a esta ratio, mientras que tres de ellas superaban el doble de la media comentada.

— Cumplen la condición de ser empresas de gran tamaño, medido en términos de capitalización bursátil (Jabbouri, 2016). La muestra seleccionada, que representa el 28,6 % del número de empresas participantes en el IBEX-35, tiene un peso en la capitalización total del índice del 41,4 %. La presencia muestral en la Bolsa española del sector financiero supera el 23 %, mientras que el sector eléctrico se pondera en un 9 %. Estos datos ofrecen una idea de la pertinencia de los valores seleccionados y de la elevada concentración sectorial de la bolsa española.

— Son empresas con elevados volúmenes de negociación, lo que permite obtener mayores profundidades en sus precios. La muestra arroja incluso una mayor ponderación en cuanto a la demanda de títulos (47 %), cerca de la mitad de toda la contratación del IBEX-35. También es superior la negociación del sector financiero, y ciertamente muy significativa la correspondiente al sector de petróleo y gas, sesgado al alza por el peso de la empresa Repsol.

— Son empresas con elevadas volatilidades de precios, lo que permite estimar *a posteriori* la posible parte explicativa que pueda corresponder al impacto o *shock* informativo del anuncio de distribución de dividendo. La volatilidad promedio en el período de estudio (2016-2022) es superior a la volatilidad media del mercado (IBEX-35) en el 90 % de las empresas que conforman la muestra.

TABLA 3.4

Rentabilidad por dividendo, capitalización, negociación y volatilidad de la muestra

	Rentabilidad por dividendo	Capitalización bursátil	Negociación bursátil	Diferencia de volatilidad
	Diciembre 2022 (%)	Febrero 2023 (%)	Febrero 2023 (%)	2016-2022 (%)
BBVA	6,2	7,5	8,6	0,03454
Santander	3,9	10,6	13,6	0,10344
Caixabank	4,0	5,2	4,2	0,03544

TABLA 3.4   *(continuación)*

	Rentabilidad por dividendo	Capitalización bursátil	Negociación bursátil	Diferencia de volatilidad
	Diciembre 2022 (%)	Febrero 2023 (%)	Febrero 2023 (%)	2016-2022 (%)
Endesa	8,2	3,3	1,6	0,00391
Naturgy	4,9	4,3	0,8	0,00819
Redeia	6,4	1,4	1,5	−0,00011
Repsol	4,2	3,4	10,1	0,02784
Enagás	11,0	0,8	1,5	0,00364
Telefónica	8,8	3,8	4,7	0,01565
Mapfre	8,1	1,1	0,6	0,01473

FUENTE: BME y elaboración propia.

El **horizonte temporal** de estudio elegido comprende el período transcurrido entre los años 2016 y 2022, es decir, un total de siete años. Con ello cumplimos uno de los objetivos propuestos de la investigación: el análisis más actual posible de las reacciones del IBEX-35 a los *shocks* informativos de la distribución de dividendo. El corte temporal se ha fijado en los siete años previos a 2022 atendiendo a horizontes temporales de los estudios revisados sobre la misma temática. Se pueden apreciar horizontes reducidos en los trabajos de Metha et al. (2014), Puspitaningtyas (2019), Salmerón y Ruiz-Medina (2011), Seyedimany (2019) o Syofyan et al. (2020), entre otros. Sin embargo, la literatura no ha generalizado hasta ahora un consenso sobre el horizonte más adecuado de estudio a aplicar en estos casos.

Debemos considerar que nos encontramos con lapsos de investigación no contractuales (no existen vencimientos como en renta fija). Tampoco se consideran períodos especulativos, ya que los dividendos dependen de las decisiones empresariales, en lugar del juego de oferta y demanda del mercado. Por otra parte, la teoría de Gordon (1961) sobre el valor de la empresa como corriente esperada de dividendos considera períodos de generación de flujos infinitos, aunque el enfoque de estudio de eventos no aconseja el análisis del largo plazo.

Por ello, basamos nuestra elección en la mayoría de las duraciones elegidas por las cuarenta investigaciones académicas revisadas, concluyendo en una mayor preferencia hacia **series temporales** que discurren entre los 5 y 10 años, como se aprecia en la figura 3.3. En nuestro caso, se ha descartado la elección de horizontes menores de cinco años desde 2022, por la existencia de dos años atípicos marcados por la COVID-19 (2020 y 2021). Durante estos años hubo una caída de dividendos, algunos impuestos por restricciones legales, en especial las destinadas al sector financiero (Recomendación ECB/2020/62). Aunque algunos autores eliminan años atípicos en sus indagaciones, otras evidencias (Ali, 2022) defienden el efecto positivo de la señalización de los dividendos durante esta crisis, por lo que hemos mantenido la serie temporal completa.

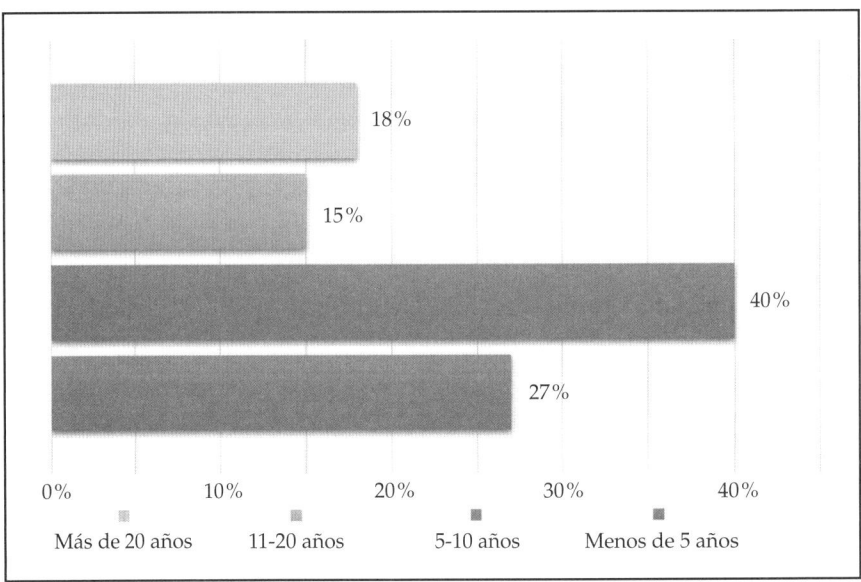

Fuente: varios autores y elaboración propia.

Figura 3.3.   Horizonte temporal en la literatura académica sobre el efecto señal de los dividendos.

4.2. *Datos empleados*

Mediante el método de datos de panel, y acudiendo a **data secundaria,** se ha formado la base de datos con la que se nutrirá el modelo para la reflexión final sobre el cumplimiento de las tres hipótesis alternativas.

Durante los siete años elegidos como período de estudio se han registrado un total de 147 anuncios de dividendos para el conjunto de la muestra, es decir, nuestra *dataset* tendrá 147 observaciones para cada una de las variables objeto de estudio.

Los datos necesarios para crear los estimadores de la variable CAR en cada suceso se han obtenido a partir de las series históricas temporales correspondientes a los cierres diarios de las cotizaciones de las empresas, facilitados por la página web www.investing.com.

La determinación de los períodos intermedios de estudio o ventanas de evento y contraste se obtienen acudiendo a la información específica sobre reparto de dividendos contenida en los hechos relevantes de cada una de las empresas de la muestra, ya que la información facilitada por la CNMV únicamente aporta datos desde el año 2018. Mediante las mismas obtenemos igualmente la duración del lapso temporal que valora la variable dependiente AND o duración del anuncio hasta el pago.

Las variables explicativas binomiales ANT1, ANT2 y ANT3, referidas al tipo de información, se codifican como 0 o 1 según el importe de cada anuncio comparado con el importe repartido en el mismo tipo de anuncio del año precedente (dividendo creciente, estable o decreciente respectivamente). La recopilación del valor de las variables de control (BEN, DEBT y CAPEX) se realizará mediante la información financiera anual y trimestral publicada por cada empresa de la muestra (Homburg et al., 2018).

Las cinco primeras y últimas observaciones de la base de datos creada son las que se muestran en la tabla 3.5.

TABLA 3.5

Dataset utilizada

	CAR_i	$ANT1_i$	$ANT2_i$	$ANT3_i$	AND_i	BEN_i	$DEBT_i$
1	−0,001527652	0	1	0	46	0,433	0,00530334
2	−0,015580416	0	1	0	14	−0,245744681	0,00033487
3	0,005071928	0	1	0	40	0,583921016	−0,00110108
4	−0,002267342	0	1	0	20	−1,941228851	−0,00321974
5	0,003197740	0	1	0	83	1,897803247	−0,00201262
...							
143	0,012040073	0	0	1	49	−0,027003672	0,002009339
144	0,003717279	0	0	1	21	−0,140898147	−0,100399072
145	0,001316554	1	0	0	28	0,077466954	0,005650247
146	0,004612769	1	0	0	29	0,261849641	0,008753652
147	−0,001773001	0	1	0	31	−0,075925340	0,011268574

TABLA 3.5   *(continuación)*

	CAPEX	DINDB$_i$	DINDE$_i$	DINDP$_i$	DINDO$_i$	
1	−0,055555556	1	0	0	0	
2	0,011764706	1	0	0	0	
3	0,002906977	1	0	0	0	
4	0,078260870	1	0	0	0	
5	−0,018817204	1	0	0	0	
...						
143	−0,042180018	0	0	0	1	
144	−0,178026024	0	0	0	1	
145	0,003287834	0	0	0	1	
146	0,008003822	0	0	0	1	
147	−0,101082996	0	0	0	1	

FUENTE: elaboración propia.

4.3. *Planteamiento del modelo de investigación*

4.3.1. Definición

Para examinar la posible asociación entre las rentabilidades residuales de las ventanas de evento respecto a las variables predictoras (anuncio de dividendos) y de control (los tres fundamentales de la empresa elegidos), se realizará un análisis multivariante mediante regresión lineal múltiple por el método de mínimos cuadrados ordinarios MCO (por ejemplo, Gian y Robiyanto, 2023; Harakeh, 2020; Homburg et al., 2018; Jabbouri, 2016; Khan et al., 2016), siguiendo el **modelo** siguiente[2]:

$$CAR_i = \beta_1 ANT1_i + \beta_2 ANT2_i + \beta_3 ANT3_i + \beta_4 AND_i + \gamma_1 BEN_i + \gamma_2 DEBT_i +$$
$$+ \gamma_3 CAPEX_i + \mu_1 DINDB_i + \mu_2 DINDE_i + \mu_3 DINDP_i + \mu_4 DINDO_i + \varepsilon_i$$

Utilizaremos inicialmente el método de entrada forzada, por el que se introducen todos los predictores simultáneamente.

---

[2] Siendo β_1, β_2 y β_3 los parámetros de las variables predictoras relacionadas con la señal informativa que afecta a las cotizaciones; β_4 el parámetro de la variable predictora relacionada con la duración del anuncio; γ_1, γ_2 y γ_3 los coeficientes de las variables de control sobre los efectos de los principales fundamentos de caracterización empresarial (beneficios, apalancamiento e inversión, respectivamente); y μ_1, μ_2, μ_3, μ_4 los parámetros que puedan averiguar el posible efecto industria o pertenencia a un sector determinado en la variación de las cotizaciones. Finalmente, ε indica el parámetro de error.

El modelo elimina el interfecto o término constante de la ecuación, con el fin de evitar anomalías en la estimación provocadas por la existencia de multicolinealidad, que pudiera generarse si el número de variables *dummy* creadas coincide con el número de categorías (tres) en que se divide la variable ANT.

4.3.2. Estadísticos descriptivos

Los estadísticos básicos de la *dataset* creada se presentan en la tabla 3.6. Particularmente, conviene detenerse en las métricas obtenidas para la variable independiente AND, que mide la duración del evento. El promedio de las temporalidades observadas se acerca a los 54 días (+54, −54), mientras que períodos inferiores a los 27 días únicamente representan el 25 % de los datos obtenidos (primer cuartil). Estos períodos pueden considerarse de largo plazo, como así defienden Lobao et al. (2022) o Mehta et al. (2014), entre otros.

A pesar de que los plazos elevados puedan diluir el impacto de anuncios informativos, mantenemos nuestro planteamiento inicial de establecer ventanas de duración individual (diferente entre eventos), bajo el supuesto del tiempo disponible para el inversor para la toma de decisiones derivadas del anuncio informativo. Destaca igualmente la elevada dispersión observada en todas las variables consideradas, especialmente en la variable dependiente CAR.

TABLA 3.6

Principales estadísticos de la dataset

	CAR	AND	BEN	DEBT	CAPEX
Min.	0,015580	3,00	32,62236	0,6350000	−6,000000
1.er Q	0,003437	27,00	−0,16962	0,0232550	−0,098608
Mediana	0,0000045	46,00	0,015250	0,0006244	−0,002907
Media	0,000258	54,67	−0,21671	0,0182713	0,082613
3.er Q	0,003189	70,50	0,150110	0,0116775	0,080114
Desv. T.	1,5519522	41,28	3,046806	0,1091385	1,1562233
Max.	0,062960	258,00	12,59815	0,3943828	10,805695

FUENTE: elaboración propia.

4.3.3. Ajustes iniciales del modelo

Para generar un modelo robusto se han realizado los ajustes necesarios de los datos obtenidos tanto para las variables explicativas como para la explicada. En primer lugar, se discriminan convenientemente las variables cuantitativas, definiendo aquellas plenamente numéricas de las que se debe considerar como factores, que en nuestro modelo son ANT1, ANT2, ANT3 y las cuatro variables *dummy*.

Para todas las variables intervinientes, los valores extremos se apartan mucho de los promedios alcanzados, por lo que se considera necesario un primer ajuste que reemplace los **valores atípicos o *outliers*** siguiendo el método de límites establecidos según la distancia intercuartil[3] (Vicente, 2023), y evitar así excesos de variabilidad puntuales que distorsionen los resultados finales.

Como cautela necesaria, se ha revisado el **riesgo de multicolinealidad** que pudiera surgir en el modelo, derivado de posibles correlaciones entre las variables explicativas, tanto para la variable independiente como para las variables de control. La tabla 3.7 demuestra, mediante el coeficiente de correlación de Pearson, la escasa correlación existente entre las variables predictoras, lo que evita sospechas de multicolinealidad y la necesidad de sustitución de alguna de ellas por otros posibles atributos de causalidad, añadiendo un grado adicional de robustez al modelo.

TABLA 3.7

Matriz de correlaciones de las variables independientes

	AND	**BEN**	**DEBT**	**CAPEX**
AND	1,00000000	−0,095506410	−0,10498686	−0,076396699
BEN	−0,09550641	1,000000000	−0,15222918	0,001882827
DEBT	−0,10498686	−0,152229177	1,00000000	0,007742870
CAPEX	−0,07639670	−0,001882827	0,00774287	1,000000000

Fuente: elaboración propia.

---

[3] Se considera adecuado el reemplazo, en lugar de la eliminación de la observación, para mantener la representatividad del evento. En este sentido, acudimos al método de sustituir los datos atípicos por el promedio si su valor es menor que el límite inferior calculado como $LI = 1Q - (\textbf{ICR} \times 1,5)/2$ (siendo ICR la diferencia entre el tercer y primer cuartil), y por la mediana si su valor es superior al límite superior calculado como $LS = 3Q + (ICR \times 1,5)/2$.

4.3.4. Muestreo

El contraste estadístico de las tres hipótesis se realizará siguiendo el método de **muestreo *bootstraping*,** entendido como una de las técnicas más utilizadas de los procedimientos de Montecarlo, que implica generar un gran número de muestras aleatorias reiterativamente con *reemplazamiento* para poder estimar la distribución de cada estadístico.

El método *bootstraping* de Montecarlo es útil cuando deseamos estimar la variabilidad del rendimiento del modelo para una población de interés de tamaño reducido como es nuestro caso (147 anuncios). Adoptamos este método para reforzar la consistencia de los estimadores al intentar aproximar el valor real de la variable al aumento del estudio muestral (Vicente, 2023).

Se ha realizado una división aleatoria de la población total en una muestra de entrenamiento *(train)* con el 80 % de las observaciones y una muestra de validación *(test)* con el 20 % restante. Es decir, la muestra de entrenamiento servirá para generar el modelo predictivo, y mediante la población restante (muestra de testeo) validaremos la capacidad predictiva del modelo. Finalmente, se ha entrenado la primera mediante el método de muestreo con reemplazo aludido sobre la muestra inicial, con 1.000 repeticiones para intentar generar un modelo de predicción consistente.

4.4. *Resultados alcanzados en el modelo original*

No se observa una **relación** significativa entre los rendimientos residuales tras la fecha de publicación de dividendos y el propio anuncio de dividendo (variables independientes ANT1, ANT2 y ANT3, que representan las tres categorías diferentes de la publicación: aumentos, mantenimiento y disminución).

Los coeficientes de regresión tienden a cero en las tres categorías, mientras la probabilidad *p* de que el coeficiente sea cero es elevada; es decir, la significancia estadística de los coeficientes encontrados es muy reducida (ninguno de ellos es menor que 0,05).

La variable independiente AND, asociada a la duración del anuncio de reparto, aumenta su nivel de significancia respecto a las tres variables anteriores (*p* es 0,0647 y *t* es 1,866), lo que sugiere que el coeficiente se acerca al nivel de significancia estadística del 5%, pero sin llegar a ser concluyente (no llega a situarse por debajo de ese límite).

Podríamos inferir una mayor relación entre el **período del anuncio** y los rendimientos posteriores, que entre el tipo de anuncio y dichos rendimientos. Es decir, la reacción del inversor está directamente relacionada con un mayor plazo de pago. Sin embargo, el coeficiente de correlación tiende igualmente a cero, lo que nos aleja de una afirmación categórica en este sentido.

TABLA 3.8

Coeficientes estimados en el modelo original

	Coeficientes	Error estándar	*t* value	$Pr(>|t|)$
ANT1 (aumenta)	0,0001897	0,001205	0,157	0,8752
ANT2 (estable)	−0,0003392	0,000986	−0,344	0,7315
ANT3 (disminuye)	−0,0009013	0,001219	−0,739	0,4614
AND	0,00002662	0,00001426	1,866	0,0647
BEN	0,00383600	0,001862	2,060	0,0418*
DEBT	0,02541000	0,022140	1,148	0,2536
CAPEX	−0,0031770	0,004483	−0,709	0,4800
DINDB	−0,0012590	0,001016	−1,239	0,2181
DINDE	−0,0003818	0,001006	−0,380	0,7050
DINDP	−0,0006161	0,001194	−0,516	0,6068
DINDO	ND	ND	ND	ND

Signif. codes: 0 '***' 0,001 '**' 0,01 '*' 0,05 '.' 0,1 ' ' 1
Residual standard error: 0,003443 *on* 109 *degrees of freedom*
Multiple R-squared: 0,1137, *Adjusted R-squared:* 0,03237
F-statistic: 1,398 *on* 10 *and* 109 *DF, p-value:* 0,1906
Fuente: elaboración propia.

La inclusión de variables de control parece aportar resultados más robustos, en particular referidos a la variable asociada a la obtención de beneficios netos por parte de la empresa. BEN parece ser significativo al nivel del 5%, con un coeficiente positivo de 0,003836 y un valor *p* de 0,0418. Estos valores sugieren que el aumento en la variable BEN se asocia con cambios en las cotizaciones y en el valor de la acción.

Es decir, el inversor del IBEX-35 tiene en cuenta con mayor interés los beneficios empresariales que el reparto de dividendos. El resto de las variables de control y las variables *dummy* sectoriales apenas influyen en la evolución de los rendimientos atípicos.

Profundizando en los resultados de la regresión lineal del modelo en su conjunto, encontramos un coeficiente de determinación o R^2 múltiple relativamente bajo (11,37%), que apunta a que las variables predictoras incluidas en el modelo explican solo una pequeña fracción de la variabilidad de la variable de 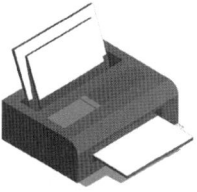 respuesta CAR. Además, cuando se evalúa el impacto del número de variables y el tamaño de la muestra mediante la R^2 ajustada, el valor decae hasta el 3,24%, lo que sugiere que se necesitan más variables o una mejor especificación del modelo para mejorar su capacidad predictiva.

Además de los escasos indicios de relación causal ofrecidos por los coeficientes y su escasa significación, el estadístico de contraste F tiene un valor alto que no permite aceptar ninguna de las tres hipótesis planteadas, ya que apenas ninguno de los predictores introducidos en el modelo está relacionado con la variable objetivo.

Un análisis de los residuos de la regresión, entendidos como diferencia entre los valores observados y los valores predichos por el modelo, se presenta en la tabla 3.9. Esta tabla muestra los percentiles (mínimo, primer cuartil, mediana, tercer cuartil y máximo) de los residuos. En nuestro caso, los valores, al acercarse a cero, indican que el modelo se ajusta bien a los datos reales. Además, el error estándar residual de 0,0034, interpretado como medida de la dispersión de los residuos, corrobora un mejor ajuste del modelo. Finalmente, como una métrica final para evaluar la precisión de un modelo de predicción, el error medio cuadrático o RMSE de valor 0,000718 confirma su capacidad predictiva, a pesar de la escasa inconsistencia entre variables.

TABLA 3.9

Residuos estimados en el modelo original

Min	1Q	Mediana	3Q	Max
−0,0077606	−0,0024312	−0,0000397	0,0018108	0,0081850

Fuente: elaboración propia.

En resumen, el modelo de regresión no muestra una relación estadísticamente significativa entre las variables independientes (anuncios de dividendos) y la variable dependiente (rendimientos residuales), excepto en el caso de la variable de control relacionada con los beneficios.

Sería recomendable explorar otros factores o utilizar diferentes técnicas de modelado para mejorar el ajuste del modelo a los datos.

4.5. *Ajustes de variables realizados sobre el modelo original*

Los resultados obtenidos pueden deberse a la existencia de problemas de especificación, es decir, a la existencia en el modelo original de predictores que ofrecen una escasa explicación de la variabilidad de la variable dependiente, lo que podíamos denominar variables superfluas.

Para evitar este problema de sobreespecificación acudimos a la selección de las variables con mayor poder explicativo o variables más significativas mediante el método «paso a paso» *(stepwise)* que utiliza el criterio de información de Akaike, igualmente mediante su programación en lenguaje *R*.

El método de paso a paso emplea criterios matemáticos de forma iterativa para decidir qué predictores contribuyen significativamente al modelo y en qué orden se introducen. Se puede descomponer en tres estrategias complementarias.

4.5.1. Dirección *forward*

El modelo paso a paso hacia adelante plantea en un primer paso un modelo inicial que no contiene ningún predictor, solo el intercepto. A partir de este se generan todos los posibles modelos, introduciendo una sola variable de entre las disponibles. Aquella variable que mejora en mayor medida la significatividad del modelo es seleccionada.

Seguidamente se intenta incrementar el modelo, probando (iterando) la introducción una a una de las variables restantes. Si añadiendo alguna de ellas es capaz de mejorar su poder explicativo, dicha variable será seleccionada. En el caso de que varias lo cumplan, se selecciona la que incremente en mayor medida la capacidad explicativa del modelo. Este proceso se repite hasta llegar al punto en el que ninguna de las variables que quedan por incorporar mejore la relevancia el modelo.

Nuestro modelo ajustado ofrece una nueva regresión con únicamente dos variables BEN y AND y sus correspondientes coeficientes, entendidas como significativas a un nivel del 5 %. Sin embargo, pierde capacidad para explicar la variabilidad de la variable objetivo al disminuir su R^2 hasta el 0,076.

```
Coefficients:
              Estimate Std. Error t value Pr(>|t|)
(Intercept) -1.165e-03  6.410e-04  -1.817   0.0718 .
BEN          4.516e-03  1.730e-03   2.610   0.0102 *
AND          2.932e-05  1.386e-05   2.115   0.0366 *
---
Signif. codes:  0 '***' 0.001 '**' 0.01 '*' 0.05 '.' 0.1 ' ' 1

Residual standard error: 0.003407 on 116 degrees of freedom
Multiple R-squared:  0.0763,    Adjusted R-squared:  0.06037
F-statistic: 4.791 on 2 and 116 DF,  p-value: 0.01002
```

FUENTE: elaboración propia.

Figura 3.4.   Coeficientes estimados en el modelo paso a paso hacia adelante.

4.5.2.   Dirección *backward*

El modelo paso a paso hacia atrás permite evaluar cada variable en presencia de las demás. Parte del modelo original, es decir, se inicia con todas las variables disponibles incluidas como predictores. Su metodología se basa en la eliminación una a una de cada variable, para probar una mejora de la significatividad del modelo original. Cuando el valor del coeficiente de Akaike es muy reducido, la variable queda excluida.

En este caso, las variables instrumentales relacionadas con la industria, CAPEX y DEBT, son las primeras eliminadas, quedando como variables relevantes BEN y AND con resultados muy similares al modelo *forward*. En ambos casos, las variables relativas a los eventos o anuncios de dividendos son irrelevantes.

```
Coefficients:
              Estimate Std. Error t value Pr(>|t|)
(Intercept) -1.165e-03  6.410e-04  -1.817   0.0718 .
AND          2.932e-05  1.386e-05   2.115   0.0366 *
BEN          4.516e-03  1.730e-03   2.610   0.0102 *
---
Signif. codes:  0 '***' 0.001 '**' 0.01 '*' 0.05 '.' 0.1 ' ' 1

Residual standard error: 0.003407 on 116 degrees of freedom
Multiple R-squared:  0.0763,    Adjusted R-squared:  0.06037
F-statistic: 4.791 on 2 and 116 DF,  p-value: 0.01002
```

FUENTE: elaboración propia.

Figura 3.5.   Coeficientes estimados en el modelo paso a paso hacia atrás.

4.5.3. Dirección mixta

Por último, el modelo doble o mixto intenta realizar una combinación de la selección *forward* y *backward.* Comienza de la misma manera que el sistema *forward*, pero tras cada nueva incorporación de variable se realiza un test de extracción de predictores no útiles, como en el *backward*. Presenta la enorme ventaja de que, si a medida que se añaden predictores al modelo, alguno de los ya presentes deja de contribuir al mismo, queda eliminado.

En la figura 3.6 podemos comprobar cómo los resultados alcanzados no difieren mucho de los obtenidos en los dos métodos aproximativos anteriores, es decir, no ganamos claridad en la definición de un modelo significativo de regresión.

Cabe concluir que incluso con modelos ajustados, los predictores referidos a los anuncios de dividendos no guardan relación con los rendimientos atípicos derivados de dichos eventos, a pesar de que pudiera encontrarse cierta relación entre la duración del evento y dicha variable de estudio CAR o de rentabilidad residual acumulada.

```
Coefficients:
             Estimate Std. Error t value Pr(>|t|)
(Intercept) -1.165e-03  6.410e-04  -1.817   0.0718 .
BEN          4.516e-03  1.730e-03   2.610   0.0102 *
AND          2.932e-05  1.386e-05   2.115   0.0366 *
---
Signif. codes:  0 '***' 0.001 '**' 0.01 '*' 0.05 '.' 0.1 ' ' 1

Residual standard error: 0.003407 on 116 degrees of freedom
Multiple R-squared:  0.0763,    Adjusted R-squared:  0.06037
F-statistic: 4.791 on 2 and 116 DF,  p-value: 0.01002
```

FUENTE: elaboración propia.

Figura 3.6.   Coeficientes estimados en el modelo paso a paso mixto.

4.6. *Conclusiones*

Nuestro modelo empírico **no** encuentra posibles evidencias de **relaciones** causales entre los rendimientos residuales medios y los anuncios de dividendos. Las asociaciones encontradas son muy débiles y de muy escasa significancia estadística. Hallamos cierta capacidad predictiva en la variación de los **beneficios** sobre las cotizaciones tras la publicidad del pago de dividendos, y en la **duración** de los anuncios, pero dichas cotizaciones son independientes de los dividendos.

El modelo creado avala por tanto la postura de la **irrelevancia** de la política de dividendos sobre el valor de la empresa en fechas posteriores a las del anuncio de reparto. Del mismo modo, el mayor o menor tiempo transcurrido hasta que el efectivo a cobrar sea disponible no parece mostrarse como un factor determinante que incida en las decisiones de inversión.

La conclusión anterior se alinea con hallazgos de investigaciones anteriores, que únicamente soportan el efecto señal del dividendo en función de la inmediatez que rodea al anuncio. Los trabajos de Khan et al. (2016), Park et al. (2017), Pastor (1999), Puspitaningtyas (2019) o Seyedimany (2019) encuentran ciertas relaciones positivas normalmente en períodos entre tres y cinco días con posterioridad a la fecha del anuncio. Cuando se estiman períodos de más largo plazo, el efecto informativo del dividendo se diluye (Meta et al., 2014). Por tanto, nuestra pretensión por establecer límites temporales individuales y variables para cada ventana de evento, como período disponible para el accionista para su posible reacción, colisiona con el efecto inmediato de una variación en el importe del dividendo.

También hemos de puntualizar que nuestro modelo **no** considera el **contenido** del anuncio respecto a la variación cuantitativa del dividendo. Comparativamente, las variaciones interanuales no parecen importantes, por lo que la intensidad de variación del importe de reparto por acción puede ser despreciable como elemento motivador de la inversión. Este aspecto puede ser objeto de desarrollos empíricos posteriores.

Sorprende, sin embargo, no haber encontrado una relación entre el mantenimiento del dividendo y una evolución sostenida de los rendimientos residuales, que avale la teoría de la demanda de dividendos como variable clave que anima al reparto.

Las empresas tienden a satisfacer el deseo de los accionistas por el cobro de rentas pasivas continuadas (Baker y Wurgler, 2004), por lo que siguen políticas de alisamiento del dividendo. Ante la escasa evidencia confirmada, nos planteamos a posteriori la escasez (e incluso irrelevancia) de las variables estudiadas en un mercado como es el IBEX-35. Tan solo hemos obtenido cierta significancia estadística (aunque con escasa relación) entre los beneficios netos obtenidos y las cotizaciones posteriores al anuncio del dividendo.

Las conclusiones emanadas de estudios como el de Liljeblom el al. (2015), si bien para el mercado escandinavo, arrojan algunas autocríticas en el sentido de que los resultados de su modelo pueden estar influenciados por factores no incluidos en sus análisis, es decir, variables omitidas. En el caso del mercado ibérico, Lobao et al. (2022) se muestran tajantes a la hora de omitir en sus trabajos la existencia de factores idiosincrásicos que discriminan al inversor español, tales como:

— La existencia de inversores institucionales y minoristas.
— La existencia de diferentes características sociodemográficas que determinan comportamientos distintos ante el dividendo.
— El marco regulatorio español, especialmente en cuanto a las disposiciones legales y fiscales que afectan a los beneficios.
— Los costes de agencia derivados de la diferente estructura societaria de las grandes corporaciones estudiadas, el entorno macroeconómico, etc.

Los anteriores atributos han sido omitidos en nuestro estudio, pudiendo ser el objeto de una ampliación de la investigación presentada.

Finalmente, podemos sospechar que nuestro modelo pueda sufrir deficiencias de **endogeneidad,** precisamente en la variable que demuestra cierta significancia explicativa: los beneficios netos. En efecto, los beneficios netos determinan los dividendos a repartir según el *pay-out* elegido por la empresa, cuando nuestro modelo estudia los beneficios y el valor futuro de la empresa tras el dividendo. Autores como Juichia y Lee (2021) consideran los beneficios como variable exógena y endógena (utilizando la metodología de *Propensity Score Matching*) para evitar así posibles sesgos de predicción. Este podría ser la tercera vía de desarrollo futuro de nuestro modelo.

En resumen, no existen evidencias de la existencia de shocks informativos derivados del anuncio del dividendo sobre una mayor o menor demanda de acciones y sobre el valor futuro de la acción en el IBEX-35, cuando se consideran ventanas de eventos alejadas del momento de la divulgación, por lo que el inversionista por dividendo intenta captar rentas en lugar de buscar valor en sus inversiones bursátiles.

4

INTERACCIÓN EMPRESA-INVERSOR. APLICACIÓN DE LA TEORÍA DE JUEGOS

1. Introducción

La teoría de juegos es un enfoque matemático para estudiar **comportamientos interactivos** o situaciones donde el resultado de las decisiones de un participante depende de las decisiones de los demás. Cada jugador considera las posibles posibilidades del otro en sus decisiones al formular la estrategia. La teoría de juegos es el estudio de la toma de decisiones estratégicas e interactivas entre personas racionales, ya sean individuos u organizaciones, ya que un jugador no tiene por qué ser un individuo; puede ser por tanto una nación, una corporación o un equipo formado por muchas personas con intereses compartidos.

Una solución a un juego describe las **decisiones óptimas** de los jugadores, quienes pueden tener intereses similares, opuestos o mixtos, y los resultados que pueden obtenerse de estas decisiones.

La teoría de juegos se aplica para determinar diferentes **estrategias** en el mundo empresarial. Ofrece valiosas herramientas para resolver problemas estratégicos en disciplinas tan variadas como: el análisis de subastas y concursos públicos; OPAS, fusiones y adquisiciones; economía de los bienes públicos; la estructura de capital en las empresas; la financiación bancaria; dirección estratégica corporativa; contabilidad; valoración de activos o el mercado de valores, entre otros.

Una rama de estudio importante en la aplicación de la teoría de juegos al mundo empresarial es la de las relaciones interempresariales y, más concretamente, entre las decisiones adoptadas por el equipo directivo de la empresa y los accionistas o propietarios de esta. Su estudio se encuadra dentro del amplio campo de desarrollo de la Teoría de Agencia.

Una parte importante de estudio de los diferentes intereses y objetivos existentes entre ambos grupos ha emergido relacionada con los diferentes criterios en el reparto de los beneficios distribuibles o dividendos. Dentro de la política de reparto de dividendos empresariales surge igualmente la existencia de asimetrías informativas entre ambos intereses, lo que ha culminado en una extensa literatura sobre el papel **señalizador** de los anuncios de dividendos.

El objetivo de este capítulo es el de elaborar un sencillo modelo de señalización utilizando la teoría de juegos, capaz de determinar las estrategias óptimas de equilibrio que maximizan la satisfacción o utilidad de los gestores o emisores de los mensajes o anuncios de reparto de dividendos y la de los receptores o accionistas.

Las conclusiones alcanzadas apuntan a que el equilibrio en el que gestores y accionistas obtienen la mayor satisfacción es mediante la toma de decisión de pago de dividendos por parte de la empresa cuando la probabilidad de que sea rentable es del 50 % o superior, y la de mantener o ampliar la cartera del accionista con la misma probabilidad.

Para el logro del objeto de investigación se ha partido en el apartado 2 de una somera revisión de la literatura académica más significativa en el terreno de la teoría de juegos aplicada a la economía, para establecer el estado del arte en la materia; y seguir en el apartado 3 ofreciendo los conceptos básicos de los modelos de teoría de juegos que ayuden al lector a comprender nuestro modelo propio. Se continúa con un breve retazo de las diferentes aplicaciones que podemos encontrar de la teoría de juegos en la economía y en las finanzas, tal y como se expone en el apartado 4. El apartado 5 pretende sentar las bases teóricas de reparto de dividendos sobre las que desarrollamos nuestro modelo, cuya descripción en todos los componentes del juego se realiza en el apartado 6, para concluir en el apartado 7 con los resultados empíricos derivados de la búsqueda del equilibrio más adecuado para las partes integrantes.

2. Posturas teóricas y análisis de la literatura

Los orígenes de los modelos basados en la teoría de juegos se remontan a los trabajos de Cournot en 1838 y Edgeworth en 1881. Sin embargo, los primeros planteamientos teóricos sobre esta disciplina matemática fueron formulados a comienzos del siglo xx, con las aportaciones de autores como Zermelo (1913) y su teorema sobre juegos finitos entre dos jugadores; Borel (1921), que enunció y profundizó sobre los modelos de juegos mixtos; o John Von Neumann (1928), que demostró el teorema de *minimax* y de los valores medios en juegos de dos jugadores. Los modelos de Bertrand (1883) y Von Stackelberg (1934), además del de Cournot, han sentado las bases de posteriores desarrollos que, por su importancia, serán objeto de un análisis separado.

Durante los años cincuenta se produjo el mayor apogeo de las aportaciones matemáticas basadas en la teoría de juegos, tras la publicación por los autores John Von Neumann y Oskar Morgenstern (1944) de una obra básica de esta disciplina denominada «Teoría de juegos y comportamiento económico».

Igualmente fueron muy relevantes las contribuciones de Tucker y Kuhn (1950) sobre el dilema del prisionero y, sobre todo, los planteamientos de John Forbes Nash, que estableció el concepto de estrategia óptima para juegos con múltiples jugadores, cuando el óptimo no se puede establecer previamente (el conocido como equilibrio de Nash en juegos no cooperativos, del que hablaremos en el apartado siguiente). Para juegos corporativos son notables las teorías de Harsanyi (1953) sobre dividendos de suma cero en coaliciones, y la aportación de Shapley (1953) con su definición de los conocidos como valores ponderados de Shapley y las utilidades transferibles *(TU-values)*[1].

Posteriormente, tras las bases fijadas por John Von Neumann y los desarrollos de John F. Nash, se han desplegado numerosas publicaciones relacionadas con la aplicación práctica de la teoría de juegos en otras ciencias aparte de las matemáticas (sociología, política, psicología, economía y finanzas, etc.).

Los trabajos sobre coaliciones fueron desarrollados en las décadas de los setenta y ochenta por autores como Hammer et al. (1977), Myerson (1978) o Vasil (1978) sobre los axiomas iniciales de Harsanyi. La literatura sobre juegos no cooperativos tuvo igualmente un enorme desarrollo. En el campo de la teoría económica, destacan los trabajos de Friedman (1991) o Gibbons (1992). En el campo de las estrategias de gestión empresarial son significativas las aportaciones de Oster (1999). En marketing destaca la investigación de Chatterjee y Lilian (1986). Y en finan-

---

[1] Véase el artículo de Besner (2021) sobre modelos coalicionales para el estudio de la propiedad intelectual, por ejemplo.

zas la aportación de Thakor (1991) sobre juegos de señalización (objeto de nuestro trabajo) con información asimétrica y movimientos secuenciales, distinguiendo los casos en los que el agente no informado actúa (mueve) primero o viceversa.

Para una mejor visión de los trabajos sobre teorías de juegos aplicados al campo empresarial, nos basamos en la extensa recopilación realizada por AlOmari et al. (2024), que distinguen tres grandes **campos** en las aplicaciones de la teoría de juegos:

1. En políticas empresariales, cuando los jugadores son las empresas y la administración, y el enfoque se basa en la reacción de los primeros ante cambios impositivos de los segundos (Castañeda, 1995; Elert et al., 2016; Lu, 2012).

2. En los análisis teóricos de los mecanismos del mercado, con artículos como los de Arend (2015) o Klueche (2013), entre muchos otros.

3. En aplicaciones sobre relaciones entre empresas, y su extensión con otros grupos de interés, tales como universidades, lobbies e incluso los propios accionistas de la empresa, materia que será el objeto de nuestra investigación.

3. Conceptos básicos, componentes, tipos de juego y de equilibrios

La teoría de juegos es una rama de las matemáticas aplicadas que proporciona herramientas para analizar situaciones en las que las partes (llamadas jugadores) toman decisiones que son **interdependientes.** El resultado de sus decisiones depende de las decisiones de los demás.

La teoría de juegos es el estudio de la toma de decisiones estratégica e interactiva entre personas racionales, individuos u organizaciones. Esta interdependencia hace que cada jugador considere las posibles alternativas del otro en la toma de sus decisiones (o estrategias) al formular la estrategia propia. Una solución a un juego describe las decisiones óptimas de los jugadores, quienes pueden tener intereses similares, opuestos o mixtos, y los resultados que pueden resultar de estas decisiones.

La teoría de juegos se aplica para determinar diferentes estrategias en el mundo empresarial. Ofrece valiosas herramientas para resolver problemas estratégicos.

Los **elementos** de un juego son los siguientes: los jugadores, las acciones, el orden, la información, las estrategias, los resultados y los pagos.

— Los **jugadores:** son los participantes del juego, y toman sus decisiones de forma racional, es decir, maximizando su propio beneficio o utilidad. Al mismo tiempo, para la toma de sus decisiones tienen en cuenta las acciones de los demás jugadores, por lo que asumen que estos también actúan racionalmente. Normalmente, los jugadores son dos como mínimo y su comportamiento es interdependiente (los juegos de un único jugador son los de este contra la *naturaleza,* es decir, sin oponentes). Además, un jugador no tiene por qué ser un individuo; puede ser una nación, una corporación o un equipo formado por muchas personas con intereses compartidos. En función de la relación inicial entre los jugadores, los juegos se pueden clasificar en:

- Juegos **cooperativos** o coalicionales: aquellos en los que los participantes llegan a un acuerdo previo (en su planteamiento inicial) sobre las decisiones que van a tomar a lo largo del juego, con el objeto de obtener los mejores resultados posibles, cuya distribución queda reflejada en el acuerdo.
- Juegos **no cooperativos:** aquellos en los que no existe ninguna colaboración, acuerdo o contrato inicial vinculante entre los jugadores. Cada jugador adopta sus decisiones sin llegar a algún acuerdo con los demás.

— Las **acciones:** se refieren a las decisiones entre las que puede optar cada jugador sobre los movimientos o posicionamientos a llevar a cabo dentro del juego. En función de las acciones, los juegos no cooperativos se pueden dividir en dos tipos:

- Juegos **estáticos:** aquellos en los que los jugadores toman sus decisiones simultáneamente, por lo que es imposible conocer las alternativas elegidas por los demás jugadores.
- Juegos **dinámicos:** entendidos como aquellos en los que los jugadores juegan secuencial o sucesivamente, es decir, unos a continuación de otros.

— El **orden** en el que los jugadores realizan sus acciones o de participación en el juego.

— La **información:** definida como el conocimiento que tienen los jugadores de las normas, reglas y variables del juego. En función de la información, se distinguen:

- Juegos de información **completa:** aquellos en los que, *a priori,* todos los jugadores conocen al resto de participantes, sus posibles acciones, preferencias y los posibles resultados de las decisiones que podrían tomar. Es decir, los jugadores conocen la estructura del juego, siendo completamente conscientes de las consecuencias que tendrá para ellos y para el resto de los jugadores su participación en el juego.
- Juegos de información **incompleta** o asimétrica: en los que algún jugador no conoce a los jugadores, las acciones o los posibles resultados; es decir, algún jugador posee información que otro u otros desconocen. Esta incertidumbre acerca de los rivales determina la toma de decisiones.
- Juegos de información **perfecta:** son aquellos en los que, en todo momento, todos los jugadores conocen perfectamente el estado de desarrollo del juego, es decir, las acciones anteriores ya realizadas durante su desarrollo.
- Juegos de información **imperfecta:** aquellos en los que no se puede observar perfectamente el comportamiento de alguno de los jugadores durante el transcurso del juego.

— Las **estrategias:** son reglas o planes completos de acciones elegidas para jugar. Determinan un conjunto de acciones y el momento de ejecución de cada una de ellas.

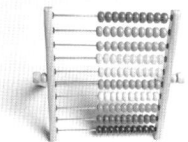 Se establecen al principio del juego, en función de las preferencias propias y de las estrategias de los otros jugadores, de modo que una estrategia óptima para un jugador es la estrategia que maximiza su utilidad esperada y la utilidad de los demás. Igualmente, se definen los perfiles de estrategia como el conjunto de estrategias o vectores correspondientes a cada uno de los jugadores. Pueden ser:

- Estrategias o juegos **finitos** o con un final determinado.
- Estrategias o juegos **infinitos** o repetitivos, en los que las estrategias se suceden secuencialmente en el tiempo sin una duración o final establecido.

- Estrategias **dominantes:** aquellas que proporcionan resultados mejores que cualquier otra estrategia para cada jugador. Estas últimas serán estrategias dominadas. Las estrategias dominantes se pueden a su vez dividir en:

  - Estrategias **estrictamente dominantes:** aquellas que proporcionan a un jugador la mayor utilidad posible, independientemente de las estrategias seguidas por los otros jugadores.
  - Estrategias **débilmente dominantes:** son aquellas que proporcionan la misma satisfacción que las estrategias del resto de jugadores y son estrictamente dominantes o superiores a alguna de ellas.

- Estrategias **puras:** son aquellas elegidas por los jugadores con toda seguridad y de forma determinada, es decir, con el 100 % de probabilidad de actuación, independientemente de las decisiones del resto.
- Estrategias **mixtas:** aquellas en las que cada jugador elige aleatoriamente entre dos o más acciones posibles según un conjunto o distribución de probabilidad definida de elección.
- Estrategias de **agrupación:** propias de los juegos de señalización (como nuestro modelo), en las que diferentes tipos de emisor eligen el mismo mensaje.
- Estrategias de **separación:** son aquellas en las que diferentes tipos de emisor eligen distintos mensajes (ampliaremos estos conceptos en el apartado 6).

— Los **resultados:** son las diferentes maneras en las que puede concluir el juego, resultantes de las distintas acciones elegidas por los jugadores.

— Los **pagos:** cada resultado implica unas consecuencias para cada jugador que se valoran en términos de posibles ganancias o pérdidas obtenidas al finalizar el juego. Es decir, cada resultado conlleva unas recompensas asociadas para cada uno de los jugadores.

Los pagos se pueden establecer en unidades monetarias o en unidades de utilidad determinadas en función de la satisfacción que los resultados proporcionan a cada jugador.

Por otra parte, si los intereses de los dos jugadores se centran en un mismo valor de la matriz de pagos, el juego tiene un «punto de silla» o «equilibrio». Esa cantidad es el valor del juego, pudiendo un juego tener más de un punto de silla.

Una forma práctica de analizar los juegos se alcanza mediante su **representación**. Existen dos formas de descripción de los juegos: la forma normal o estratégica y la forma extensiva.

— Forma normal o **estratégica:** la representación del juego se realiza de forma matricial, y se centra en resaltar las estrategias de los jugadores y los pagos derivados de las acciones emprendidas en las mismas.
— Forma **extensiva**: en la que la descripción del juego es gráfica, utilizando árboles de decisión con las siguientes características:

• Están compuestos de **ramas y nodos,** que indican, respectivamente, las posibles acciones a tomar y los resultados derivados de cada decisión.
• Representan las fases o secuencias del juego.
• Los nodos pueden ser intermedios, indicando estos la forma en la que se desarrollan o se pueden desarrollar las acciones; y finales, en los que se representan los resultados definitivos del juego.
• Los pagos se especifican inmediatamente a continuación de los nodos terminales.
• Un juego representado en forma extensiva puede subdividirse en subjuegos, que se interpretan como partes del juego completo que de forma independiente pueden actuar como un juego.

El comportamiento racional de los jugadores obliga a alcanzar un equilibrio de estrategias y decisiones en el que los resultados sean beneficiosos para todas las partes. Por tanto, el objetivo último de la teoría de juegos es el de obtener el equilibrio final del juego.

Dependiendo del tipo de juego, tal y como se han definido anteriormente, podemos llegar a sus correspondientes **tipos de equilibrio:**

— **Equilibrio de estrategias dominantes:** se alcanza cuando cada jugador tiene su propia estrategia y se alcanza un conjunto de estrategias racionalizables. Para ello, en el juego se eliminan todas las estrategias estrictamente dominadas y se obtiene un nuevo juego, en el que se vuelven a eliminar las estrategias estrictamente dominadas, y así iterativamente hasta que no se puedan eliminar más estrategias.

— **Equilibrio de Nash (EN):** propio de los juegos estáticos con información completa. Se alcanza cuando cada jugador decide su mejor estrategia, dadas las elecciones de los otros jugadores. Identifica los perfiles de estrategias en los que ningún jugador tiene incentivos para desviar su comportamiento,  cambiando su estrategia unilateralmente si espera que los demás adopten las acciones que el equilibrio prescribe para ellos. Operativamente, en los juegos que se pueden representar estratégicamente se refleja la mejor respuesta de cada jugador frente a las de los demás, marcando el pago correspondiente. Aquellas entradas de la matriz en las que se hayan señalado todos los pagos representarán un equilibrio de Nash.

— **Equilibrio de Nash perfecto en subjuegos (ENPS):** se alcanza en los juegos dinámicos con información completa y perfecta. Se considera un ENPS para el conjunto del juego cuando las estrategias de los jugadores constituyen un equilibrio de Nash en cada uno de los subjuegos, por lo que solo se pueden determinar en su forma extensiva. Es necesario que exista un EN del juego para determinar posibles ENPS. Operativamente, en los juegos que se pueden representar extensivamente, podemos encontrar estos equilibrios mediante el método de inducción hacia atrás. Parte de las ganancias resultantes representadas en los nodos terminales del árbol, y en cada subjuego, de forma regresiva, se eligen aquellas estrategias preferidas, considerándose estas como ENPS. Reiterativamente se buscan las mejores estrategias en los juegos previos.

— **Equilibrio bayesiano de Nash (EBN):** al que se puede llegar en los juegos estáticos con información incompleta (asimétrica o privada). En los juegos en los que no se conoce algún elemento de su estructura, cada jugador conoce su función de pagos, pero no la del resto. Para llegar a un equilibrio se introduce en el juego un nuevo jugador ficticio, llamado «azar» o «naturaleza». El azar proporciona a cada jugador una información privada. Esta información privada sobre un jugador se denomina tipo (ti)

y se encuentra dentro de un conjunto de tipos de jugadores (*Ti*). El azar asigna al jugador una probabilidad de ser de un determinado tipo *T* y les comunica de qué tipo es. A partir de esta información, cada jugador se formará una creencia o conjetura sobre la información que poseen los otros jugadores. Dicha conjetura se denota como $pi(t-i/ti)$, y se calcula utilizando la regla de Bayes: $Pi(t-i/ti) = p(t-i, ti)/p(ti)$. Ahora, los pagos dependen de las acciones tomadas y de los tipos de jugador (Hidalgo, 2023).

— **Equilibrio bayesiano perfecto en subjuegos:** adecuado para los juegos dinámicos con información incompleta e imperfecta. Similar a los equilibrios ENPS, pero en los que no solo existen acciones y estrategias sino, además, contienen percepciones sobre estrategias y **conjeturas** de los jugadores. Según el orden de decisión, cada jugador forma una conjetura sobre el nodo del conjunto de información al que se ha llegado en el juego, atribuyéndole una probabilidad de ocurrencia determinada en el subjuego de que se trate. La estrategia de cada subjuego debe ser racional, es decir, tendente a conseguir el mayor pago esperado y creando una consistencia entre estrategias y conjeturas. Este equilibrio, entendido también como una extensión del equilibrio de Nash, será el adecuado para nuestro modelo, como se explica en los apartados 5 y 6.

TABLA 4.1

Elementos de un juego de estrategias

Jugadores	Juegos cooperativos. Juegos no cooperativos.	
Acciones	Juegos estáticos. Juegos dinámicos.	
Orden		
Información	Juegos información completa. Juegos información incompleta. Juegos información perfecta. Juegos información imperfecta.	
Estrategias	Juegos finitos. Juegos infinitos.	

TABLA 4.1 *(continuación)*

Estrategias	Juegos estrategias dominantes.	Estrictamente dominantes. Débilmente dominantes.
	Juegos estrategias puras. Juegos estrategias mixtas. Juegos estrategias de agrupación. Juegos estrategias de separación.	
Resultados		
Pagos	Unidades monetarias. Unidades de utilidad.	
Representación	Estratégica.	
	Extensiva.	Ramas. Nodos terminales. Nodos intermedios. Subjuegos.
Equilibrios	De estrategias dominantes. De Nash. De Nash perfecto en subjuegos. Bayesiano de Nash. Bayesiano perfecto en subjuegos.	

FUENTE: elaboración propia.

Existe un tipo de juego, denominado *juego de suma cero,* en el que las ganancias de un jugador son pérdidas para el otro, es decir, un jugador se beneficia solamente a expensas de otros (intereses opuestos). La mayoría de los casos reales en negocios y política son juegos de suma no cero, en los que la ganancia de un jugador no se corresponde necesariamente con la pérdida de otro, y sus desenlaces tienen resultados netos mayores o menores que cero. Por ejemplo, un contrato de negocios involucra idealmente un desenlace de suma positiva, donde cada parte termina en una posición mejor que la que tendría si no hubiera existido la negociación.

Un ejemplo clásico de la teoría de juegos es el conocido como «dilema del prisionero», que propone un problema sobre dos sospechosos que están bajo custodia policial, acusados de ser cómplices por el mismo delito, pero no hay pruebas suficientes para una condena por delito grave a alguno de ellos. Son detenidos e interrogados por separado. Si un preso testifica contra el otro mientras este otro guarda silencio, el preso que testifica queda en libertad y el preso silencioso es condenado y cumple diez años. Si ambos prisioneros guardan silencio, ambos serán condenados por un cargo menor y cumplirán seis años. Si ambos presos testifican entre sí, cada uno cumplirá una pena de cinco años. ¿Cómo deben actuar los presos? La respuesta es que ambos prisioneros deberían testificar contra el otro para alcanzar el equilibrio de Nash.

4. Aplicaciones de la teoría de juegos a la economía y las finanzas

4.1. *Aplicaciones clásicas de la teoría de juegos en economía*

Las aplicaciones clásicas de la teoría de juegos en economía contemplan aquellas estructuras en las cuales se cuenta con una relación de interdependencia estratégica entre las diferentes empresas participantes o agentes económicos intervinientes (economías domésticas, inversores, etc.). La interdependencia está íntimamente relacionada con la organización del mercado, en concreto con el número de agentes y su relación de competencia. Entre los modelos más utilizados reconocemos los siguientes:

— El modelo de **Cournot:** aplicado a mercados oligopolistas o duopolistas, en los que se decide simultáneamente qué cantidades de producción va a aportar cada empresa al mercado de un producto homogéneo en el que compiten (producen a la vez), quedando el precio de mercado determinado por la cantidad total aportada, de acuerdo con la función de demanda inversa.

 En el equilibrio de Cournot, cada empresa realiza previsiones sobre cuánto producirá su competidora y maximiza consecuentemente sus beneficios. Es un ejemplo de equilibrio de Nash en las cantidades producidas, por lo que ninguna de las empresas tiene incentivos para cambiar su nivel de producción (Pindyck y Rubinfeld, 2009).

Con este ejercicio de maximización se obtienen las denominadas funciones de **reacción** de las empresas, que representan la decisión óptima de cada una en función de sus previsiones sobre la empresa rival. Se llega al equilibrio en la intersección de las curvas, es decir, cuando las previsiones sobre la empresa rival coinciden con la producción llevada a cabo.

— El modelo de **Bertrand** (1883): es una extensión del modelo oligopolista de Cournot, en el que las empresas compiten en precios y se comprometen a servir, al precio que ellas proponen, toda la cantidad que los consumidores demanden a dicho precio. Para el caso en el que haya solo dos empresas (duopolio), la estructura creada se centra en un modelo continuo de productos homogéneos que compiten en precios, con la asunción de que tienen la misma función de costes.

El equilibrio será un par de precios tal que cada uno sea una elección maximizadora del beneficio, dada la elección de la otra empresa. Es decir, si una empresa fijase un precio determinado, la empresa rival podría optar por varias opciones, bajo la premisa de que la demanda se decanta por el más reducido. Así, la empresa que asigna el precio más bajo consigue toda la cuota del mercado; pero si las dos empresas establecen el mismo precio se reparten la cuota del mercado a partes iguales. El equilibrio de Nash se establece en función del coste marginal. En el caso de que el precio sea superior al coste marginal, no puede haber equilibrio, porque a cualquier empresa le compensaría reducir ligeramente el precio (Pindyck y Rubinfeld, 2009).

— El modelo de **Stackelberg:** es un ejemplo de juego de dos empresas en dos etapas, en el que los conjuntos de acciones son continuos. Las empresas tienen un producto homogéneo y compiten en cantidades. Ahora, las empresas no van a tomar sus decisiones de producción simultáneamente (a diferencia del modelo de Cournot), sino secuencialmente. La empresa segunda actuará sabiendo la acción que ha realizado la primera, por lo que una empresa actúa como líder y la otra como seguidora. Será la empresa líder la que fija el nivel de producción en primer lugar, y la empresa seguidora decide su propia cantidad a producir tras haber observado la decisión de la empresa líder.

La empresa líder, primera en elegir su nivel de producción, escoge una cantidad determinada partiendo de la base de que la seguidora considerará como fijo el nivel de producción, por lo que dicha empresa seguidora se comporta como en el modelo de

Cournot. Para la líder es desconocida la cantidad, pero sí que conoce el patrón de comportamiento que va a seguir la seguidora, es decir, su función de reacción. Al tratarse de juegos de decisiones sucesivas existirán múltiples equilibrios de Nash, de los cuales la solución está asociada con el resultado obtenido por inducción hacia atrás (Pindyck y Rubinfeld, 2009).

— El modelo de **colusión.** En un oligopolio las empresas pueden optar por dos comportamientos estratégicos: cooperar (colusión) o competir. En el primer caso, las empresas pueden establecer de común acuerdo un precio superior al coste marginal, generando importantes beneficios; en el segundo caso obtendrían un menor beneficio. La cooperación (colusión) puede ser de dos tipos: explícita o implícita. La primera se materializa en la figura del *cartel,* mientras que la segunda en el liderazgo de precios.

En la colusión explícita *(cartel)* las empresas coordinan tanto sus precios como sus niveles de producción, al objeto de maximizar sus beneficios conjuntos, siempre que: las empresas respeten los acuerdos alcanzados, se controle la mayor parte de la oferta, las empresas no colusivas tengan una oferta inelástica y que la demanda total no sea demasiado elástica. Normalmente, para evitar abusos en los precios las prácticas colusorias están legalmente prohibidas.

La colusión implícita o liderazgo de precios se basa en la rigidez de la oferta de los mercados oligopolistas, por la reticencia de las empresas a alterar los precios a pesar de posibles modificaciones en los costes. Esto se debe a que, si una empresa lidera una subida de precios, los rivales pueden no secundarla, ante el temor por el recorte de sus ventas. Pero si lidera una bajada, las rivales pueden asumir cesiones en precios para mantener al menos sus cuotas de mercado, con lo que se ocasionan rebajas de precios en cascada o guerras de precios. Como solución de equilibrio se acude al dilema del prisionero, en el que, aunque no haya acuerdos previos, una empresa reduce el precio y las demás secundan su decisión al mismo nivel. En muchos casos, para evitar prácticas ilegales que limitan la competencia, las empresas líderes emiten al mercado señales de futuros cambios de precios, dando margen a sus rivales para que adopten decisiones de imitación (liderazgo de precios).

TABLA 4.2

Principales juegos clásicos en economía

Modelo de Cournot	Reparto de producción en oligopolio.
Modelo de Bertrand	Anterior con libertad de precios.
Modelo de Stackelberg	Competencia en cantidades en duopolio.
Modelo de colusión	Cooperación en oligopolios.

FUENTE: elaboración propia.

4.2. Aplicaciones prácticas en economía de la teoría de juegos

La teoría de juegos en los últimos años se ha aplicado cada vez más en problemas prácticos relacionados con la economía, las finanzas y el mundo empresarial. Debido a que el reparto de dividendos no sigue un patrón de comportamiento colusorio, nuestro estudio se centrará en las prácticas más destacadas de la teoría de juegos en entornos competitivos no cooperativos, es decir, sin acuerdo previo alguno entre las partes.

— **Subastas y concursos públicos:** para los que la teoría de juegos establece que las decisiones se toman sucesivamente y la información, al ser en cascada, es conocida por los agentes, por lo que, cuando son numerosos, el éxito depende de la capacidad de adopción de estrategias diferentes a la mayoría. En el caso de las subastas o concursos con ofertas presentadas mediante sobres cerrados, los equilibrios se suelen alcanzar cuando las empresas proponen ofertas a precio real, es decir, calculado sobre sus costes reales, sin necesidad de subir artificiosamente sus ofertas, a pesar de la alta probabilidad de hacerse con la adjudicación.
— **OPAS, fusiones y adquisiciones empresariales:** sujetas normalmente a procedimientos secuenciales establecidos por las diferentes reglamentaciones sobre la materia (conocidos), en los que la asimetría informativa entre los gestores y los accionistas de las empresas objetivo (opadas) es determinante para el éxito de la operación, así como la información disponible por la empresa ofertante (Thakor, 1991). A más información en poder de la ofertante, mayor posibilidad de adquisición de acciones y toma de

control con anterioridad al anuncio de OPA; mientras que, a mayor asimetría dentro de la empresa objetivo, mayor tendencia de rechazo por parte de los accionistas al percibir posibles mermas de valor de la empresa fusionada (Allen y Morris, 2006).

— **Economía de los bienes públicos:** referida tanto a la financiación como a la gestión de los bienes públicos. Constituye una aplicación clásica del dilema del prisionero, ante la tendencia del *sobreaprovechamiento* individual en detrimento del colectivo. Este conflicto de intereses (individuo-colectivo) crea deficiencias de mercado, conocidas en teoría económica como externalidades o costes sociales. En la gestión de los bienes comunes, la teoría de juegos se emplea para decisiones de coordinación en su planificación, producción y gestión, capaces de evitar situaciones de *sobreexplotación.* Sin embargo, las estrategias dominantes pueden conducir a comportamientos racionales individuales que afectan negativamente al colectivo (equilibrios de Nash), en el sentido de que ninguna empresa obtiene más beneficios reduciendo la contaminación o consiguiendo mayores ahorros de energía, por ejemplo. En estos casos, son las normativas estatales las que intervienen para preservar los bienes comunes.

— **Estructura de capital:** relacionada con las necesidades de financiación de la empresa, en las que las asimetrías informativas entre gestores y accionistas (sobre todo respecto a la generación de *cash-flows* y los niveles de deuda) tienden a impulsar equilibrios favorables a la financiación de nuevos proyectos de inversión mediante fondos ajenos, por las ganancias reputacionales de los primeros y la reducción de costes de agencia para los segundos (Allen y Morris, 2006; Thakor, 1991).

— **Financiación bancaria:** en la que la teoría de juegos se aplica a decisiones de los intermediarios financieros sobre la concesión de mejoras de las condiciones crediticias particulares (a ciertos clientes) por encima de la media del mercado, en función del riesgo asumido (Thakor, 1991).

— **Dirección estratégica corporativa:** se plantea como un juego entre la empresa, los competidores, proveedores, clientes y consumidores. Los gestores toman decisiones en función de las decisiones esperadas de los demás en un ambiente competitivo. Se aplica en las distintas áreas funcionales de la empresa. Por ejemplo, la teoría de juegos se aplica en marketing para determinar qué variables del marketing-mix entrarán en juego y para determinar la participación de mercado. En I+D puede contribuir a reducir los costos incurridos. En las cadenas de suministro con problemas de entrega, la teoría de juegos puede ayudar a diversificar los distintos proveedores, con la elección de aquellos más eficientes.

— **Contabilidad:** los datos contables sobre resultados y presupuestos determinan la interacción entre los rectores *(principals)* y los agentes (accionistas, mandos intermedios u otras empresas). La teoría de juegos se aplica cuando existen asimetrías informativas contables (relacionada con los verdaderos costes, cálculo de rentabilidades, precios de transferencia, etc.), que sobrepasan los requisitos legales de transparencia y que impiden reaccionar racionalmente tanto a los gestores y personal interno de la empresa como a los competidores externos (Migdalas, 2003). La solución para algunos autores pasa por una mayor supervisión en términos de la adaptación de auditorías internas y externas más intensas (Wang, 2022).

— **Valoración de activos:** relacionado con las decisiones del inversionista en la selección de carteras. Se han realizado varios estudios que integran los modelos CAPM con los equilibrios de juegos en función de las medias y varianzas de los activos y los mercados (Wang, 2022) para juegos secuenciales. La utilidad del inversor en el equilibrio se maximiza cuando las carteras están diversificadas de forma óptima, en función de las covarianzas de los títulos incluidos (Migdalas, 2003).

— **Mercado de valores (bolsa):** un caso particular de lo anterior es la aplicación de la teoría de juegos en el mercado de renta variable, con menos éxito que en otras disciplinas, ante la imposibilidad de conseguir equilibrios de Nash, por definición estables, debido a la elevada volatilidad e incertidumbre del mercado de valores (Jalan, 2021; Reengusia, 2022; Wang, 2022).

Según la teoría de juegos, los inversores deberían basar sus estrategias en la previsión anticipada de los movimientos de otros inversores, pero, ante al elevado número de participantes en el mercado, esta labor es prácticamente imposible.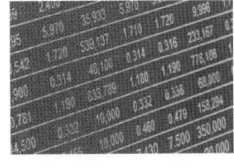

Además, las variables de comportamiento irracional relacionadas con la aversión al riesgo del accionista sesgan las posibles decisiones de inversión provenientes de estrategias dominantes en juegos (Ullah et al., 2021). Por ello, la teoría de juegos se limita al diseño de estrategias dominantes que sean capaces de batir al mercado, incluso en entornos de alta volatilidad, o, al menos, reducir al máximo las pérdidas (Reengusia, 2022)[2]. Especial mención se debe hacer sobre la aplicación de la teoría de juegos al reparto de dividendos que compone el objeto de nuestro estudio.

TABLA 4.3

Aplicaciones prácticas de la teoría de juegos en economía

Subastas y concursos públicos	Información y decisiones sucesivas.
OPAS, fusiones y adquisiciones	Asimetría informativa accionistas de opadas.
Economía de los bienes públicos	Externalidades o costes sociales.
Estructura de capital	Financiación de proyectos de inversión.
Financiación bancaria	Mejoras de condiciones crediticias.
Dirección estratégica corporativa	Áreas funcionales de la empresa.
Contabilidad	Asimetrías informativas contables.
Valoración de activos	Selección y gestión de carteras.
Mercado de valores	Valoración de activos de renta variable.
Dividendos	Nuestro modelo.

FUENTE: elaboración propia.

5. Definición del modelo

Nuestro juego sobre estrategias en el reparto de dividendos es un juego de información asimétrica o de **información incompleta,** con una estructura y unos componentes que determinan unas pautas de interacción características. Para su definición nos apoyamos en los modelos jerárquicos de inversión empresarial y de estructura de capital propuestos por Myers y Majluf (1984).

---

[2] Algunos autores se muestran contrarios a esta postura, al asumir que los accionistas se comportan de forma racional respecto a la información y que dicho comportamiento se refleja en los precios, por lo que es imposible que puedan batir al mercado (Charbti, 2020).

5.1. *Agentes participantes*

Se definen dos jugadores. El primero es la empresa pagadora de beneficios a repartir, que emite un mensaje **(emisor)** consistente en el anuncio de la distribución de dividendos a toda la sociedad. Dicho anuncio se convierte en una señal para el receptor (que definiremos a continuación). La señal será diferente según como sea calificado el **tipo de emisor por el receptor.** Las decisiones de la empresa se toman por el consejo de administración y/o el equipo directivo, a los que denominaremos *gestores.* Dichas decisiones siguen un comportamiento racional dirigido a maximizar el valor de la acción. Nuestro modelo contempla inicialmente empresas de perfil maduro, tradicionalmente pagadoras de dividendos.

Consideramos como agentes **emisores** a dos empresas diferentes, del mismo sector, competidoras, que cumplen cada una el perfil o tipo siguiente, siguiendo la teoría de señalización, por la que las señales de reparto sugieren su origen en empresas más rentables (Hayes, 2022; Hubbard, 2016):

— T_1: **Empresas rentables y pagadoras constantes.** Aquellas con aumento de rentabilidad financiera[3] en el período de estudio y dividendos crecientes o sostenidos en los últimos diez años (Hidalgo, 2023). Los inversores de perfil conservador serán más propensos a la inversión en este tipo, respondiendo al enfoque teórico expuesto en el capítulo 2 sobre el concepto de dividendos como cobros seguros o «pájaro en mano».

— T_2: **Empresas no rentables y pagadoras no constantes.** Aquellas en las que la rentabilidad financiera cae en el período de estudio y ha existido al menos un anuncio de disminución de dividendos en los últimos diez años[4] (o simplemente no ha sido anunciado el dividendo tradicional correspondiente —por tanto, es nulo—).

El segundo jugador se forma con los accionistas de la empresa *(inversores)*, sin preferencias previas de inversión por una u otra empresa

---

[3] La rentabilidad financiera incluye la rentabilidad neta (tras el pago de impuestos) y el apalancamiento financiero de la empresa (nivel de fondos ajenos), lo que proporciona una idea de la rentabilidad final disponible para el accionista (León, 2021).

[4] Lógicamente, para un estudio empírico más exhaustivo deberían excluirse del modelo períodos atípicos que influyen en todas las empresas por igual, como fueron los años de la COVID-19.

(T_1 o T_2), salvo el dividendo (mantenemos constantes —fuera del modelo— el resto de las variables). Los agrupamos como un único agente, como si ejercieran un comportamiento único, ya que es imposible modelizar el comportamiento de los accionistas individuales. Este último jugador será el **receptor del mensaje.** Insistimos que en nuestro modelo el receptor-inversionista se entiende como aquel que invierte en dividendos con una **expectativa de cobro** de una corriente continuada de ingresos pasivos. En nuestro esquema planteamos dos perfiles de inversores por dividendos:

— El inversor **conservador:** cuyo único objetivo de inversión es el de mantener una corriente constante de ingresos (ingresos pasivos).
— El inversionista **arriesgado:** con el mismo objetivo de ingreso, pero capaz de asumir impagos actuales ante la expectativa de dividendos crecientes futuros.

El modelo incluye un jugador inexistente, ficticio o también conocido como «pseudojugador», azar o naturaleza (explicado en el apartado 3), que, en puridad, no forma parte del juego como jugador *per se.* El **azar** es el «jugador» que elige el tipo de jugadores (T_1 o T_2), y que *a priori* es desconocido por los receptores, pero que le es otorgada una probabilidad determinada de ocurrencia, probabilidad que es efectivamente conocida por todos los agentes (transformación de Harsanyi).

En nuestro modelo, las probabilidades de obtener rentabilidades crecientes se pueden evaluar dependiendo de que estudiemos empresas cíclicas (bancos, *utilities,* etc.), empresas sometidas a regulaciones severas (eléctricas, etc.), empresas estratégicas o tecnológicas, entre otros tipos. Es necesario un estudio de fundamentales para su planteamiento.

TABLA 4.4

Esquema de jugadores del modelo propio

Emisor	Receptor
Gestor empresa rentable.	Inversor arriesgado.
Gestor empresa no rentable.	Inversor conservador.

Fuente: elaboración propia.

5.2. *Características generales del juego*

Este juego de reparto de beneficios se define como un juego **no cooperativo,** ya que la empresa, mediante su equipo gestor, toma inicialmente las decisiones de distribuir dividendos de forma unilateral, según su criterio, a pesar de que la decisión de reparto ha de ser refrendada posteriormente por la junta general de accionistas. Los accionistas no pueden proponer de antemano alternativas a la propuesta del consejo. Es decir, no existe *a priori* acuerdo alguno de reparto de dividendos entre los gestores y los inversores.

Por otra parte, nos encontramos ante un juego **dinámico** con decisiones **sucesivas** en el tiempo, ya que, tras los anuncios iniciales de dividendos, los inversores reaccionan posteriormente. En función de las acciones emprendidas por el inversor, los gestores pueden tomar decisiones distintas en el reparto de otros dividendos futuros.

Como hemos explicado en el punto anterior, es un juego de **información incompleta,** ya que los accionistas desconocen la información verdadera sobre el funcionamiento y rendimiento de la empresa, que sí poseen los gestores. Es evidente que se reparten dividendos cuando existe un resultado positivo neto a distribuir.

Pero la decisión de distribución se toma en función del deseo de los gestores de retener los beneficios para la financiación de posibles inversiones rentables, que aumenten el valor de la empresa mediante su crecimiento futuro (reservas). Sin embargo, el inversor suele desconocer la rentabilidad real del proyecto que barajan emprender los gestores.

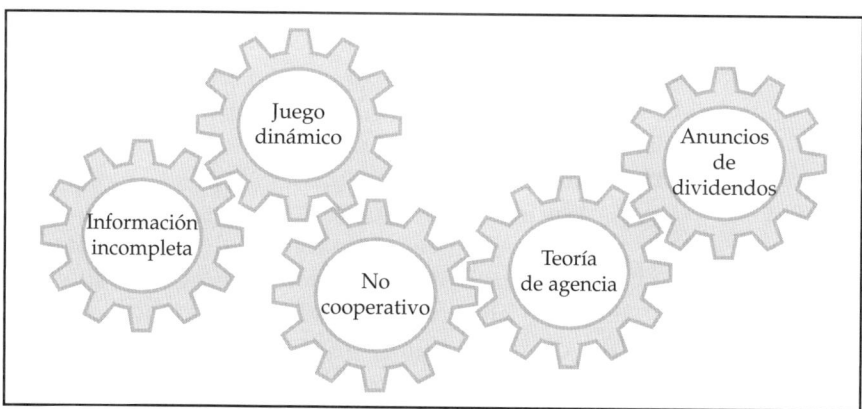

FUENTE: elaboración propia.

Figura 4.1. Características del juego planteado.

5.3. *Posibles acciones a tomar por los agentes participantes*

El desarrollo de este juego de señalización de dividendos comienza cuando el azar elige un tipo *Ti* del conjunto de tipos factibles $T = (T^1, T^2)$, conforme a un conjunto de probabilidades positivas (*p*) y de conocimiento público para ambos jugadores. Posteriormente, las **acciones** que definimos en el juego son de tipo secuencial, comenzando el emisor y reaccionando el receptor de la siguiente forma:

— **Emisor o gestor:** es el jugador informado, es decir, posee la información completa del juego. La información sobre el tipo que representa le es revelada, y al observar su tipo (datos internos) toma la decisión y elige el mensaje: puede/quiere pagar dividendos (*P*), o no desea pagar dividendos ($\bar{P}$), en cuyo caso no se publica anuncio alguno. Este será el mensaje o la señal que enviará al receptor, $m = (P, \bar{P})$.

El pago de dividendos supone que la empresa está bien gestionada, ya que es capaz de generar beneficios que se pueden distribuir. Pero la transferencia de fondos al patrimonio del accionista resta oportunidades de autofinanciar nuevas inversiones. Sin embargo, el mensaje puede ser erróneo, ya que los dividendos pueden ser abonados mediante deuda o parte de ella, con lo que el mensaje es opuesto al pretendido.

— **Receptor o accionista:** por su parte, puede comprar-mantener acciones (que agruparemos como una única alternativa, *M*), o vender acciones (*V*), siguiendo el modelo propuesto por Sundar et al. (2018), en el que el pago de dividendos provoca la reacción del accionista de aumentar (reinvertir) o mantener su cartera de acciones de la empresa pagadora, en función de su perfil: arriesgado o conservador.

 Los accionistas conservadores se clasifican dentro del perfil general de rentistas o generadores de ingresos pasivos, cuya reacción inmediata ante una bajada o eliminación total del dividendo provoca una conjetura automática de toma de decisión de desinversión o venta de la acción, con la compra de otras inversiones que aseguren la misma retribución anterior (sustitución), de manera casi inmediata (acción que es permitida por la elevada liquidez del mercado de

renta variable). La reacción del accionista arriesgado es la de establecer una serie de conjeturas sobre la posibilidad de mantener su cartera ante la expectativa de un crecimiento futuro de la empresa y de los beneficios y dividendos que espera sean generados. Es decir, el jugador informado toma la iniciativa, asumiendo el primer movimiento, y el segundo jugador (no informado) interpreta las señales y revisa sus conjeturas siguiendo las reglas del equilibrio de Bayes (Funke, 2007).

Este planteamiento dual se sustenta sobre la teoría de clientelas de accionistas que buscan empresas pagadoras deseosas de conservar este tipo de accionistas, y la teoría de la demanda de dividendos *(catering theory)*, que opta por la desconfianza del rentista habitual en empresas que no mantienen la corriente habitual de dividendos *(behavioral)*, ambas expuestas ampliamente en el capítulo 3 de este libro.

Se pueden resumir las acciones explicadas mediante la matriz de comportamiento expuesta en la tabla 4.5.

TABLA 4.5

Reacciones de los inversionistas ante las decisiones de reparto de dividendos

		Inversores	
		Arriesgado	Conservador
Gestores	Pago divid.	Comprar	Mantener
	No pago divid.	Mantener	Vender

FUENTE: Sundar et al. (2018) y elaboración propia.

5.4. Estrategias a seguir en función de las acciones de cada jugador

Entendemos que es un juego de estrategias infinitas, ya que se pueden repartir dividendos a propuesta del consejo de administración siempre que la empresa se encuentre en funcionamiento. Es un juego sin caducidad. Además, aunque las únicas decisiones sean el posible pago y la reacción consecuente, no por ello son estrategias repetitivas; es decir, no siempre se paga el mismo dividendo ni en las mismas fechas.

El conjunto de estrategias del juego está determinado por la terna tipo-mensaje-reacción, que en nuestro modelo se corresponde con rentabilidad-pago-cartera, es decir, capacidad de generar beneficios del emisor (T_1 o T_2), posible pago del emisor (P o $\bar{P}$) y reacción del accionista respecto al título asociado (venta V o mantenimiento M). Por lo que tenemos 2^3 (hasta ocho) posibles estrategias, definidas como: $G = (T_1, T_2; P, \bar{P}; M, V)$.

Concretamente, la definición de estrategias posibles para jugador es la siguiente:

— **Emisor:** *a priori* no conoce la reacción del inversionista (información incompleta) ante su decisión de modificar su cartera, ya que un cambio en el dividendo puede ser entendido como una recapitalización de la empresa y una apuesta por el futuro, pero también como una señal de peligro en términos de menor rentabilidad, mayor apalancamiento y peores actuaciones de gestión.

En todo caso, si la empresa se decide por el pago (P), puede renunciar a alternativas rentables de inversión. Si se decide por el no pago ($\bar{P}$), puede llegar a tener que afrontar pérdidas de valor de la acción por la oleada de ventas de acciones en cadena.

Por tanto, dicho anuncio o mensaje se convierte en una señal según sea calificado el tipo de emisor por el receptor, definiendo cuatro estrategias S_E^i:

- **Estrategia 1:** el emisor decide pagar dividendos (P) cuando el azar le determina un tipo rentable (PT_1), y también pagar (P) cuando le determina un tipo no rentable (PT_2). Es la primera estrategia de agrupación (PT_1PT_2).

- **Estrategia 2:** el emisor decide no pagar dividendos ($\bar{P}T_1$), no publicando anuncio alguno, si el azar le determina un tipo rentable (T_1), y tampoco pagar dividendos ($\bar{P}T_2$) cuando le determina un tipo no rentable (T_2). Es la segunda estrategia de agrupación, alternativa a la anterior ($\bar{P}T_1\bar{P}T_2$).

- **Estrategia 3:** el emisor decide pagar dividendos (P) si el azar le determina un tipo rentable (PT_1) y no pagar ($\bar{P}$ o no anunciar nada) cuando le determina un tipo no rentable ($\bar{P}T_2$). Es la primera estrategia de separación.

- **Estrategia 4:** el emisor decide no pagar dividendos ($\bar{P}T_1$) si el azar le determina un tipo rentable (T_1) y pagar dividendos (PT_2) cuando le determina un tipo no rentable (T_2). Es la segunda estrategia de separación y alternativa a la estrategia 3.

— **Receptor:** su estrategia se plantea consecutivamente en función del anuncio (mensaje) recibido. El anuncio le ofrece una idea del tipo de empresa que existe, pero no la certeza de acierto, por lo que, atendiendo al perfil del inversor y a las acciones anteriormente descritas (véase tabla 4.5), podemos distinguir las cuatro posibles estrategias de reacción del inversionista S_R^i:

- **Estrategia 1:** el receptor decide mantener (ampliar) el número de acciones en su cartera que son objeto de anuncio de reparto (M) cuando el anuncio es de pago (P), y también ampliar/mantener su cartera (M) cuando el anuncio es de no pago ($\bar{P}$).
- **Estrategia 2:** el accionista decide mantener (ampliar) el número de acciones (M) cuando el anuncio es de pago (P) y vender las acciones en su cartera que son objeto de anuncio de reparto (V) cuando no hay anuncio de pago, es decir, cuando la noticia es el no pago ($\bar{P}$).
- **Estrategia 3:** el accionista decide vender el número de acciones (V) cuando el anuncio es de pago (P) y mantener (ampliar) las acciones en su cartera (M) cuando el anuncio es el no pago ($\bar{P}$).
- **Estrategia 4:** el receptor decide vender el número de acciones (V) cuando el anuncio es de pago (P) e igualmente vender las acciones (V) cuando el anuncio también es de no pago ($\bar{P}$).

Esta serie de estrategias conjuntas se puede resumir en la siguiente ecuación:

$$G = (PT_1PT_2,\ PT_1\bar{P}T_2,\ \bar{P}T_1PT_2,\ \bar{P}T_1\bar{P}T_2,$$
$$MPM\bar{P},\ MPV\bar{P},\ VPM\bar{P},\ VPV\bar{P})$$

que, expresadas matricialmente para su mejor visualización, son:

TABLA 4.6

Matriz de estrategias del modelo de dividendos

	Agrupadoras		Separadoras	
Gestores	PT_1, PT_2	$\bar{P}T_1, \bar{P}T_2$	$PT_1, \bar{P}T_2$	$\bar{P}T_1, PT_2$
Inversores	$MP, M\bar{P}$	$VP, V\bar{P}$	$MP, V\bar{P}$	$VP, M\bar{P}$

FUENTE: elaboración propia.

5.5. Identificación de los pagos del juego

Finalmente, el juego queda definido mediante las posibles ganancias o pérdidas (utilidades) derivadas de las estrategias escogidas por empresas e inversores, respectivamente. Puede entenderse como un juego con dos participantes de suma cero, ya que los beneficios netos pueden quedarse en la empresa (utilidad de crecimiento) y los accionistas no tendrían ganancia alguna. O por el contrario, los beneficios pueden repartirse a los accionistas, en cuyo caso la utilidad la recibe el accionista y la empresa pierde las posibilidades de crecimiento. Los beneficios en función de las acciones seleccionadas se especifican a continuación.

TABLA 4.7

Esquema de pagos del modelo de dividendos

	Inversores R			
	T_1: E rentable		T_2: E No rentable	
Gestores	P, M	P, V	P, M	P, V
	$\bar{P}, M$	$\bar{P}, V$	$\bar{P}, M$	$\bar{P}, V$

FUENTE: elaboración propia.

Más concretamente, las **funciones de pago** del juego son las siguientes:

— **Emisor (empresa) tipo rentable y pagador (T_1):** el gestor de empresas maduras, tradicionalmente pagadoras y con historiales de rentabilidad sostenidos, puede ser reticente al efecto de la reacción negativa de las clientelas de inversores que demandan habitualmente dividendos, derivado de un posible cambio en su política de distribución.

Por tanto, el reparto de dividendos (PT_1) mantiene las carteras y el valor de la acción en el mercado bursátil, por lo que no existe la necesidad de recuperar la cotización a medio plazo, a pesar de la bajada que el propio dividendo provoca a corto  plazo en el valor del mercado y le produce una utilidad positiva a la empresa que valoraremos como 1.

El efecto contrario (no pago) puede suponer una huida de clientelas de inversores con expectativas de cobro del dividendo que tradicionalmente han ingresado. Se les imputa una utilidad negativa, en principio de idéntica intensidad pero signo contrario[5]. En definitiva, a las empresas tipo T_1 el modelo les atribuye una utilidad de 1 al pago (PT_1), y una utilidad negativa de –1 a la retención de beneficios ($\bar{P}T_1$), por el efecto negativo del cambio brusco de la política tradicional.

— **Emisor (empresa) tipo no rentable y no pagador (T_2):** nuestro modelo adopta en toda su integridad la teoría de agencia[6], en el sentido de establecer una total independencia entre los gestores y los accionistas. Es decir, supone que los gestores no poseen participaciones accionariales que pudieran generar un doble interés, tanto como gestores como rentistas.

Por tanto, sus decisiones dependen únicamente de su propia visión sobre el futuro de la empresa, en aspectos como la rentabilidad de las inversiones, coste del capital, generación futura de caja, etc.; e incluso de factores personales relacionados con su reputación gerencial, blindaje en sus contratos, etc., que influyen en las decisiones de reparto (Peña et al., 2015).

Teniendo en cuenta estos postulados, el reparto de dividendo (PT_2) les genera una utilidad nula, ya que la empresa se desprende de tesorería, pero lanza una señal de fortaleza al mercado.

---

[5] Un estudio empírico más pormenorizado posterior puede crear funciones de utilidad a partir de las variables indicadas.

[6] Véase apartado 2.7 del capítulo 3.

 El no reparto ($\bar{P}T_2$) satisface los deseos empresariales de crecimiento (ya sean continuos o temporales), al acometer aquellas inversiones con rentabilidades esperadas superiores al coste de medio de los préstamos, lo que acrecienta el valor de la empresa en el tiempo.

En este caso, los accionistas de perfil arriesgado aceptan dichas decisiones, manteniendo su cartera y renunciando a recibir un pago actual, a la espera de obtener una mayor utilidad futura. Por estos motivos, el modelo atribuye una utilidad al no reparto de 1 (interés empresarial).

— **Receptor (accionista) ante la estrategia de la empresa tipo rentable y pagadora (T_1):** un inversionista en dividendo que elige la cartera de dividendos sostenidos y/o crecientes en el tiempo recibe con satisfacción la noticia de reparto (PT_1), y puede reaccionar de dos maneras:

- Optar por mantener la cartera (MPT_1): estima que todo sigue igual, es decir, que su corriente de cobros no se ve amenazada, por lo que puede mantener intacta su cartera o incluso aumentarla. En definitiva, obtiene una utilidad por mantener su dinero inmovilizado, a cambio de una corriente de ingresos capaz de mantener su nivel de vida, en cuyo caso podemos atribuirle una utilidad constante en el tiempo y de valor igual a la unidad.
- Vender las acciones que anuncian el pago de dividendos (VPT_1): la volatilidad del mercado impide asegurar una apreciación de la cotización por la cercanía del pago. Muy al contrario, un dividendo esperado (de empresas pagadoras) no suele suponer una señal positiva que tire de la cotización al alza. En este caso, el accionista pierde la posibilidad de cobro anunciada y tiene una utilidad negativa (–1), agravada por la necesidad de adquirir acciones alternativas, que le permitan recuperar el montante de ingresos pasivos totales, y representada por una *desutilidad* adicional al estar obligado a comprar otras acciones pagaderas de dividendos y soportar los costes de transacción[7] (intermediación) y fiscales (como en el caso de plusvalías, siempre que su coste fiscal sea superior al grava-

---

[7] Véanse apartados 2.4 y 2.6 del capítulo 3 del libro.

men sobre dividendos) asociados a la operación. La pérdida total es de −2.

En el caso en que la empresa rentable decide frenar o **modificar a la baja** su política de pago tradicional ($\bar{P}T_1$), el inversor «demandante» *(catering)* reacciona de forma adversa ante el temor de la imposibilidad de recuperación de la corriente anterior de rentas (AlGazali et al., 2023), pudiendo materializar su **reacción** de dos maneras:

- Optar por la **venta** ($V\bar{P}T_1$) y encontrar inversiones alternativas que aseguren la continuación de las rentas modificadas. Para ello, utiliza la venta de las acciones antiguas para la posterior adquisición de otras alternativas (diversificando su cartera) y así consigue mantener la unidad de utilidad que le proporcionaban las acciones vendidas. Sin embargo, la operación de cambio supone la existencia de costes de transacción y fiscales. Es decir, añade una unidad de *desutilidad.* Valoramos el resultado neto de no reparto y venta ($V\bar{P}T_1$) como 0.
- **Mantener su cartera** ($M\bar{P}T_1$), caso que puede ocurrir cuando el accionista considere que la interrupción del dividendo es temporal y confíe en su recuperación en el siguiente llamamiento de pago, con lo que hoy obtiene una unidad de *desutilidad* o de pérdida.

— **Receptor (accionista) ante la estrategia de la empresa del tipo no rentable ni pagadora (T_2):** si el inversionista recibe la señal de pago de dividendo, obtiene una utilidad por mantener su dinero inmovilizado (MPT_2) como en el caso anterior, independientemente del tipo de empresa. Si por el contrario vende, a pesar de que haya un anuncio de reparto (VPT_2), pierde la posibilidad de este dividendo, siendo su utilidad de −1. Su disposición a aceptar situaciones de impago actual (inversor arriesgado) no le impone la necesidad de adquirir nuevas acciones de dividendo, pudiendo utilizar el importe de la venta en otro tipo alternativo de inversiones.

En el caso en que la empresa no pagadora decida retener beneficios ($\bar{P}T_2$), copiando decisiones adoptadas en otros ejercicios, el inversor asume el riesgo de no cobro, manteniendo su cartera intacta ($M\bar{P}T_2$) ante la expectativa de mayores dividendos futuros, obtenidos por el retorno de la inversión financiada con las reservas acumuladas. Por tanto, la frustración inicial por la pérdida de un ingreso actual es compensada por la expectativa de ingresos futuros, por lo que su utilidad neta será nula.

Y si opta por vender ($V\bar{P}T_2$), su utilidad, únicamente desde la óptica del dividendo (sin considerar posibles plusvalías de la venta)[8] será la de pérdida del dividendo actual, ya sin la posibilidad de que se acreciente en el futuro (puesto que ya no posee las acciones). Por tanto, su utilidad será −1 (la del dividendo no repartido que en cualquier caso no llegaría a cobrar por haber vendido).

En resumen, podemos representar de forma estratégica el juego mediante la matriz de pagos siguiente:

TABLA 4.8

Matriz de pagos según las estrategias seleccionadas

		Inversores R			
		T_1: E rentable		T_2: E no rentable	
		Mantener M	Vender V	Mantener M	Vender V
Gestores	Pago divd. P	1,1	1, −2	0,1	0, −1
	No pago divd. $\bar{P}$	−1, −1	−1, 0	1, 0	1, −1

FUENTE: elaboración propia.

6. Resultados empíricos

Una vez definido y estructurado el modelo de interacción entre los participantes ante las decisiones de posible reparto de dividendos, necesitamos encontrar un **punto de equilibrio** que maximice la utilidad de las dos partes.

---

[8] La consideración de posibles plusvalías complica el modelo y no añade más información a las alternativas de dividendo. Consideramos dicha variable como inexistente, es decir, como si la venta mantuviera el patrimonio del accionista inalterado.

Para alcanzar este objetivo puede ser muy práctica la representación del juego en **forma extensiva,** como es presentada en el punto 3 anterior. La figura 4.2 nos ofrece una idea más clara de la estructura del juego.

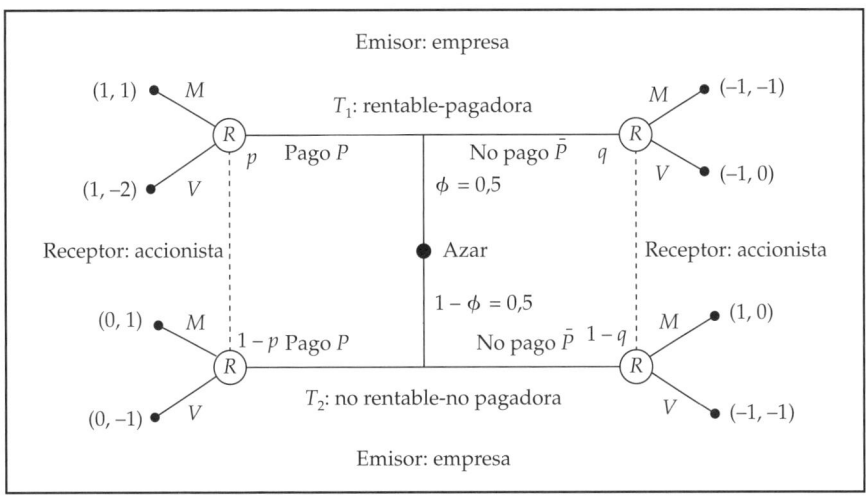

FUENTE: elaboración propia.

Figura 4.2.   Representación del juego en forma extensiva.

En este juego de señalización de dividendos, el receptor R (accionista) puede situarse involuntariamente en cualquiera de los vértices de la figura que representa la información, ya que desconoce si el emisor (empresa) es de tipo 1 o 2 (rentable o no). Aun así, el receptor se encuentra dentro del circuito de información del juego, por lo que representamos esta situación con dos líneas discontinuas para cada tipo de anuncio: pago (P) y no pago ($\bar{P}$).

En cada nodo inicial, el accionista tomará una decisión, mantener (M) o vender (V), que le reportará unidades determinadas de utilidad, representadas numéricamente a la derecha de cada paréntesis.

Cuando el emisor envía un mensaje, la conjetura que se forma sobre el tipo de empresa depende de una probabilidad p, mientras que la del segundo tipo será $1 - p$. Cuando no hay pago, la probabilidad será q para un tipo, y $1 - q$ para el otro tipo (véase figura 4.2). Analizamos una a una.

Tal y como se explica en el punto 3 de introducción conceptual, el equilibrio adecuado para los juegos dinámicos con información incompleta e imperfecta o de señalización mediante mensajes enviados por diferentes tipos de emisores es el equilibrio bayesiano perfecto. Además de cumplir los requisitos de equilibrio de cualquier EBPS, los juegos de señalización deben cumplir en equilibrio los siguientes postulados (Hidalgo, 2023):

— Al observar el mensaje de la empresa (P) o ($\bar{P}$), el accionista se crea una conjetura sobre qué tipos de empresa pueden haber enviado el mensaje. Dicha conjetura sigue una distribución de probabilidad: $\mu[T_1, T_2 | (P, \bar{P})]$, siendo $\Sigma\, \mu = 1$.
— Para cada mensaje (P) o ($\bar{P}$), la acción elegida por el accionista $S_R^*(M, V)$ debe maximizar su utilidad esperada dada la conjetura anterior sobre los tipos de empresa, requisito que podemos formular mediante la expresión:

$$\text{máx } \Sigma\, \mu[T_1, T_2 | (P, \bar{P})] U_R(T_1, T_2; PP; M, V)$$

— Dada la estrategia óptima elegida por el receptor $S_R^i(M, V)$, la empresa debe maximizar su utilidad mediante el mensaje que lanza al mercado de reparto de dividendo de la forma:

$$\text{máx } U_E[T_1, T_2; P\bar{P}; R^*(M, V)]$$

eligiendo la estrategia $S_E^*(P, \bar{P})$.
— Para cada mensaje (P) o ($\bar{P}$), si existe un tipo (T_1, T_2), tal que el mensaje caracteriza el tipo de empresa, es decir, $m^*(T_1, T_2) = m_j$, la conjetura del receptor debe derivarse de la regla de Bayes y de la estrategia del emisor $S_E^*(P, \bar{P})$, siendo la primera:

$$\mu[T_1, T_2 | (P, \bar{P})] = \frac{p(T_1, T_2)}{\Sigma\, p(T_1, T_2)}$$

Conforme a estos requisitos, podemos establecer equilibrios para las dos posibles estrategias de agrupación o de mismo mensaje (P, P) y ($\bar{P}, \bar{P}$), y para las de separación o de diferente mensaje ($P, \bar{P}$) y ($\bar{P}, P$).

6.1. *Equilibrio agrupador o en estrategias de agrupación*

Cuando las estrategias del emisor tienen idéntico mensaje, de modo que **las dos empresas anuncian pago o no**, el accionista es incapaz de discriminar las señales de pago por cada tipo de empresa, ya que siempre recibe la misma señal.

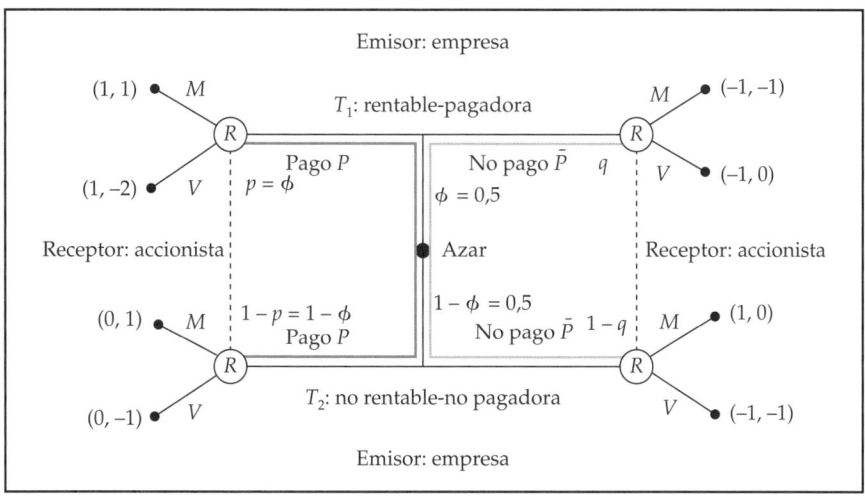

Fuente: elaboración propia.

Figura 4.3.   Equilibrio agrupador.

La estrategia de mismo mensaje de pago, independiente del tipo de empresa (*PP*), se podría distinguir mediante la trayectoria señalada a la izquierda de la figura 4.3; mientras que la estrategia de no pago ($\bar{P}\bar{P}$) se señala a la derecha. Para este tipo de información, el receptor o accionista desconoce las probabilidades *p* y *q*, por lo que asocia la probabilidad del azar ϕ a *p* en sus conjeturas.

Es decir, $P = \phi = 1/2$. La maximización de su utilidad esperada $S_R^i(M, V)$ la realizamos para sus dos posibles acciones (*M*, *V*):

$$E[U_R(PP, M \mid p = 1/2)] = 1/2x1 + 1/2x1 = 1$$

$$E[U_R(PP, V \mid p = 1/2)] = 1/2x(-2) + 1/2x(-1) = -3/2$$

es decir, la mejor respuesta o *(BR)* *(Best response)* es mantener.

TABLA 4.9

Comparación de pagos en estrategias agrupadas

Empresa	$P_{T1}P_{T2}$	$(\bar{P}_{T1}\bar{P}_{T2}\,|\,M)$	$(\bar{P}_{T1}\bar{P}_{T2}\,|\,V)$
T_1	1	−1	−1
T_2	0	1	−1
Accionista	M	M	V

FUENTE: elaboración propia.

Si mantener la cartera es la mejor respuesta elegida por el accionista al repartir dividendo, dicha acción es observada por la empresa, que decide elegir entre su estrategia 1 ($P_{T1}P_{T2}$) o la estrategia 2 alternativa de agrupación ($\bar{P}_{T1}\bar{P}_{T2}$), para lo que también estudia la posible venta en situación de no reparto (columna de la derecha de la tabla 4.9). La segunda estrategia para la opción de venta del accionista está estrictamente dominada por la del pago ($P_{T1}P_{T2}$), es decir $[(P_{T1}P_{T2}\,|\,M) > (\bar{P}_{T1}\bar{P}_{T2})\,|\,V)]$, por lo que, inicialmente, esta última podría ser descartable. Por tanto, la estrategia de reparto manteniendo acciones por el inversor ($P_{T1}P_{T2}\,|\,M$) es un **equilibrio bayesiano perfecto.**

En el caso de no pago ($\bar{P}_{T1}\bar{P}_{T2}$), la venta (V) no está estrictamente dominada por el mantenimiento (M). Sin embargo, podríamos comprobar si existe una probabilidad positiva de elegir la opción de venta sin reparto (último de los tres requisitos) como posible mejor respuesta, respecto a la opción de mantenimiento comparando los valores esperados de utilidad del accionista (receptor) entre ambas acciones, siempre que se cumpla: $E[U_R(\bar{P}\bar{P}, V\,|\,q)] \geq E[U_R(\bar{P}\bar{P}, M\,|\,q)]$, en cuyo caso también sería un **equilibrio bayesiano perfecto.** Así: $q \times 0 + (1 - q) \times (-1) \geq q \times (-1) + (1 - q) \times (0)$, de donde $q \geq 1/2$ y por tanto positiva.

En notación matemática, reconocemos el equilibrio agrupador como: $EBP_A = [S_E^* = (PP)\,|\,p = 0{,}5;\ S_R^* = (MV)\,|\,P = 0{,}5$ y $q \geq 0{,}5]$, es decir, existe un primer equilibrio del juego de agrupación *(pooling equilibrium)*, en el que la mejor opción para la empresa es el pago de dividendos con una probabilidad del 50% de que sea de tipo rentable al abonarlos, mientras que la mejor opción para el accionista es siempre mantener la cartera con una probabilidad del 50% de que la empresa sea rentable y pague dividendos, aunque también vender cuando no se distribuyen, siempre que la probabilidad de que la empresa pudiera ser rentable sea superior al 50%.

6.2. *Equilibrio separador o en estrategias de separación*

En el caso de que las estrategias del emisor fueran en la dirección opuesta, de modo que **una empresa paga y la otra no,** el accionista puede discernir si las señales de pago determinan un tipo u otro de empresa. Es decir, las estrategias de separación ofrecen una pista importante al accionista para que realice un supuesto o conjetura sobre el tipo de empresa y plantee la estrategia que le reporta mayor utilidad.

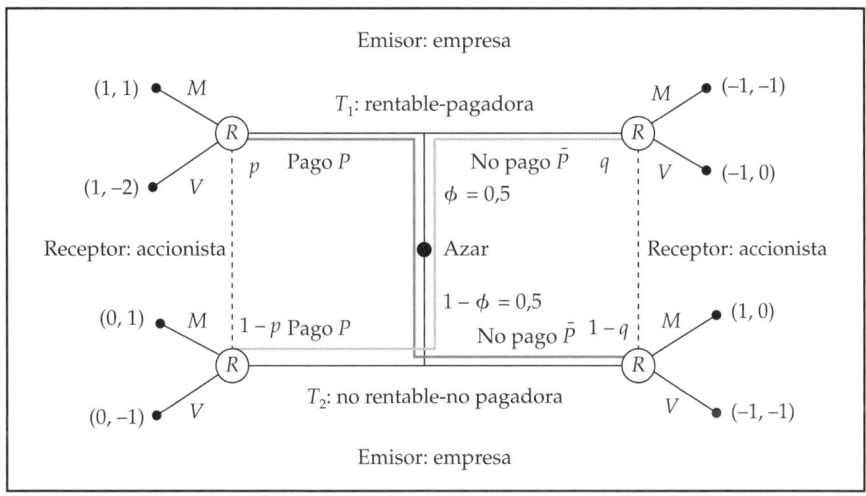

FUENTE: elaboración propia.

Figura 4.4.   Equilibrio separador.

Como ya hicimos en la figura 4.3, en esta figura 4.4 también destacamos las estrategias separadoras posibles de la empresa: estrategia 3 $(P, \bar{P})$, señalada con una trayectoria en gris oscuro y la estrategia 4 alternativa $(\bar{P}, P)$, destacada en gris claro. En una estrategia de separación realizada por el emisor, de la forma $(P, \bar{P})$ por ejemplo, el receptor puede discriminar el tipo de empresa en función del mensaje.

Es decir, si la empresa paga el accionista entiende que es rentable, y si no paga dividendo interpreta que no ha generado beneficios suficientes o que los retiene para invertir. En notación matemática podemos representar esta estrategia como $S_E P(T_1)\bar{P}(T_2)$. Nos encontramos en la trayectoria en trazo grueso en el primer nodo del receptor, donde la probabilidad de pago es la unidad, $p = 1$. Por tanto, en el segundo nodo (seguimos la línea gruesa) la probabilidad es $1 - q = 1$, es decir, $q = 0$.

Según este primer movimiento, la reacción del receptor que le reporta más utilidad (mejor respuesta) se determina en función de la maximización de su utilidad esperada en uno u otro nodo, utilidad esperada $S_R^*(M, V)$, para sus dos posibles acciones (M, V):

$$E[U_R(P, \bar{P}), M \mid p = 1)] = 1$$

$$E[U_R(P, \bar{P}), M \mid q = 0)] = 0$$

es decir, la mejor respuesta o *BR* es mantener, en este caso.

Si mantener la cartera es la mejor respuesta elegida por el accionista al repartir dividendo, podemos estudiar qué supone que la empresa rentable no reparta dividendo y que la no rentable actúe de forma opuesta $\bar{P}(T_1)P(T_2)$ (y siga la trayectoria en color gris claro). Obviamente esta es una situación en la que se envían señales contradictorias a los accionistas, ya que, recordemos, estos no conocen con certeza si una empresa es rentable o no.

Comparamos entonces la estrategia 3 con la 4.

TABLA 4.10

Comparación de pagos en estrategias separadas

Empresa	$P_{T1}\bar{P}_{T2}$	$\bar{P}_{T1}P_{T2}$
T_1	1	−1
T_2	1	0
Accionista	*MM*	*VM*

FUENTE: elaboración propia.

La cuarta estrategia $\bar{P}_{T1}P_{T2}$ para la opción de mantenimiento del accionista está estrictamente dominada por la tercera, $P_{T1}\bar{P}_{T2}$, es decir $(P_{T1}\bar{P}_{T2} \mid M) > (\bar{P}_{T1}P_{T2} \mid M)$, por lo que $\bar{P}_{T1}P_{T2}$ es descartable. Por tanto, $(P_{T1}P_{T2} \mid M)$ es un **equilibrio bayesiano perfecto.**

En notación matemática, reconocemos el equilibrio de separación como: $EBP_B = [S_E^* = (P\bar{P}) \mid p = 1; S_R^* = (MM) \mid p = 1$ y $q = 0]$, es decir, existe un tercer equilibrio del juego general único de separación (o *separating equilibrium*), en el que la mejor opción para la empresa es el pago de dividendos si es rentable y no pagar cuando no es rentable, con la mejor situación de mantenimiento de la cartera para el accionista.

7. Conclusiones

Los efectos que la política de reparto de los dividendos empresariales tiene sobre los directivos y los accionistas de la empresa se pueden analizar desde la óptica de la **teoría de juegos.**

El reparto de dividendos se decide en primera instancia por los directivos, para posteriormente ser refrendado por la junta general de accionistas, que normalmente no tiene la opción de plantear alternativas. Los intereses de los directivos y de los accionistas pueden **diferir** respecto a su intención sobre el destino de los beneficios repartibles. Surgen entonces los problemas de **agencia,** con sus costes derivados que pueden reducir el valor de la acción.

En este sentido, las decisiones de los directivos influyen en la renta percibida por los accionistas. Estos pueden **reaccionar** comprando, manteniendo o reduciendo su cartera en función del anuncio de dividendos esperado. Surgen las teorías de clientelas de accionistas que demandan dividendos y a los que la ausencia de cobertura de dicha demanda les inclina a desinvertir en las empresas no pagadoras.

Cuando existen interacciones como las referidas, con intereses diferentes entre dos grupos, nos encontramos ante un **juego no cooperativo y dinámico,** con decisiones tomadas en orden sucesivo.

Además, el reparto de dividendos se puede plantear como un juego de **información incompleta,** ya que los directivos cuentan con toda la información referente a la empresa, mientras que los accionistas cuentan únicamente con la información por ellos publicada. Las decisiones de reparto lógicamente dependen de la información poseída, que, al ser diferente entre ambas partes, decimos que es asimétrica. Los accionistas desconocen si las decisiones son buenas para la empresa, por lo que interpretan el **anuncio** (o su ausencia) como una **señal** que les sugiere únicamente el tipo de empresa que se trata.

Nuestro modelo de dos jugadores es un modelo típico de señalización informativa en el que las acciones del emisor (consideramos a dos empresas del mismo sector) son, a su vez, los mensajes del juego (reparto de dividendo o no), que determinan dos tipos de empresas: rentables y pagadoras, y lo contrario. Los inversionistas se han discriminado entre conservadores y arriesgados. Las ganancias o pagos de cada parte se establecen metódicamente en función de las unidades de satisfacción que adquieren, respectivamente, la empresa (representada por sus directivos) y los inversores (el grupo total de accionistas de la empresa), conforme a la tipología en que se encuadren.

En juegos de señalización como este, para llegar a un equilibrio que satisfaga a ambas partes se debe buscar un **equilibrio bayesiano perfecto.** Pueden existir varios, en función del tipo de estrategia seleccionada. En nuestro modelo hemos encontrado que la mejor respuesta en equilibrio para ambas partes es la del pago de dividendos por parte de la empresa cuando la probabilidad de que sea rentable es del 50% y de mantener/ampliar la cartera para el accionista con la misma probabilidad.

La segunda situación, cuando se envían mensajes claros de pago por la empresa rentable y de no pago por la que no lo es, arroja igualmente un equilibrio que aconseja el pago de dividendos si es rentable y no pagar en caso contrario, siendo la mejor situación para el accionista la del mantenimiento de su cartera, independientemente del tipo final que la empresa resulte ser.

CONCLUSIONES GENERALES

El objetivo del presente trabajo es el de analizar el dividendo distribuido por las empresas, entendido como aquella parte de los beneficios obtenidos que son repartidos a los accionistas.

El primer enfoque adoptado se centra en analizar las posibles estrategias de inversión que pueden ser ejercidas por parte de los accionistas. Tras una revisión preliminar de los conceptos básicos que rodean al dividendo (tipos, fechas de cobro, fiscalidad y formas de pago), el estudio intenta recopilar las posibles estrategias que puede seguir un inversor de dividendo, definidas como el conjunto de acciones repetitivas a mantener en la gestión activa de una cartera cuyo objetivo es la maximización del cobro de dividendos.

Las estrategias de dividendo, en general, deben ser planteadas para su despliegue en un largo plazo de tiempo, y ejecutadas mediante un patrón de actuaciones que debe permanecer inalterable, a pesar de que el inversor pueda ser tentado a su modificación, ante el temor de posibles pérdidas en su patrimonio ajenas a la ejecución de la estrategia seleccionada.

El estudio se ha centrado en definir cada una de las estrategias apuntadas, evitando realizar una valoración de la preminencia de unas sobre otras, ya que esta depende de las motivaciones personales del inversor.

En este sentido, el estudio ha recopilado hasta un total de diecinueve estrategias de dividendo diferentes, que han sido agrupadas en tres grandes familias, discriminadas en función de las métricas predominantes para su elaboración: estrategias definidas según los fundamentales de la empresa, estrategias marcadas por los precios de los activos y, finalmente, estrategias diversas.

En las estrategias discriminadas según los parámetros fundamentales del *performance* empresarial, la revisión comienza desde las más básicas, como la estrategia de «pájaro en mano» o la estrategia de «vacas lecheras», hasta concluir con estrategias más sofisticadas, como la de cobertura del dividendo, dividendos no apalancados o los dividendos según «la teoría *q* de Tobin».

Respecto a las estrategias donde los protagonistas son los precios de las acciones, se ha definido la generación de carteras cuyos dividendos pretenden preservar el capital total poseído, o aquellas que actúan contra entornos de fuerte volatilidad en los mercados, o la estrategia de captura de dividendos, que puede entenderse como la única excepción a la tenencia de acciones en períodos de larga duración.

Finalmente existen estrategias muy variadas, con escasos elementos en común, que responden a motivaciones tan diversas como las expectativas de cobros futuros, dividendos según el ciclo económico, o dividendos seleccionados en función de la minimización de su impacto fiscal.

Tanto en la literatura económica de la academia como en los múltiples manuales de inversión en dividendo que saturan el mercado, pueden apreciarse posturas que defienden la inversión en dividendos como un modo determinante para optar a futuras plusvalías, argumentando que las empresas que tradicionalmente distribuyen dividendos garantizan por ello su capacidad de incrementar su valor de mercado. Este estudio desmonta dicha teoría, al menos en las empresas pertenecientes al IBEX-35, acercándose más a la consideración de los postulados que defienden que la política de dividendos es irrelevante para el valor de la empresa, incluso en entornos de asimetrías informativas, clientelas fiscales y otros costes de transacción que afectan directamente a los dividendos.

En efecto, nuestro estudio está arropado por dos metodologías empíricas distintas: los estudios de eventos aplicados a los anuncios de dividendos y la teoría de juegos aplicada al mismo campo. Ambas metodologías confirman que el inversor en dividendos debe centrar su estrategia en los cobros, sin importarle el valor futuro de las empresas de las que recibe dichas rentas. La estrategia, sea cual fuere, debe comprar y mantener una cartera que apenas considera las plusvalías o minusvalías de los activos sobre los que se asientan los dividendos, siempre que estos aseguren el logro de los objetivos planteados. Es decir, el inversionista en dividendos debe descartar como objetivo el llegar a alcanzar un determinado precio de la acción.

En concreto, la consideración de ventanas de cotización variables entre la fecha de los anuncios de dividendos y la fecha de pago de los mismos, para una muestra de empresas representativas de reparto de dividendos en el IBEX-35 durante el período 2016-2022, sugiere que, econométricamente, no existe una relación entre los distintos tipos de anuncio de reparto y una posible alteración de las cotizaciones de las acciones, a pesar de que las cotizaciones estén más relacionadas con la generación de beneficios. En definitiva, los dividendos no generan por sí mismos una mayor demanda de títulos que influya en la presión de los precios al alza (o a la baja si se decide la ausencia de reparto).

Para confirmar esta última percepción, el estudio ofrece una metodología alternativa e innovadora como es la Teoría de Juegos, que analiza el comportamiento conjunto del inversor y de la empresa ante la disyuntiva del reparto de dividendos, bajo la premisa de que, si la empresa decide el reparto, el inversor se encuentra motivado a la compra del título, mientras que si la decisión fuera en caso contrario el inversor reaccionaría con su mantenimiento o venta. Se trata de un comportamiento interactivo entre empresa (administradores) y propiedad (accionistas), donde las decisiones de los primeros dependen de las de los segundos (y viceversa).

Planteamos un modelo de juego de señalización no cooperativo, dinámico y de información incompleta, en el que la empresa es la emisora del anuncio y el accionista el receptor del mismo. El juego está basado en la Teoría de Agencia, que defiende la existencia de asimetrías informativas entre la información que poseen ambos colectivos.

El modelo permite establecer un equilibrio bayesiano con la máxima satisfacción para ambas partes, en el que el accionista decide mantener o ampliar su cartera cuando la empresa tiene una probabilidad igual o superior al 50 % de ser rentable y ha decidido decantarse por el pago de dividendos. En todo caso, y a pesar de que la empresa no envíe mensajes claros sobre el mantenimiento de dividendos, si tradicionalmente ha sido pagadora, el accionista deberá mantener intacta su cartera siempre que tenga información sobre el buen comportamiento de la rentabilidad empresarial.

En definitiva, las estrategias de inversión en dividiendo deben ser de largo plazo, orientadas a la generación de los mismos, independientemente del precio de las acciones, es decir, relegando el interés sobre la variación de los precios en manos de otro tipo de inversiones diferentes.

BIBLIOGRAFÍA

Abbaszadeh, M., Salehi, M. y Malekinejad, A. (2022). Earnings management and inverstors reaction: The case of Iran's capital market using game theory. *Ekonomski Pregled, 73*(4), 617-642.

Aharony, J. y Swary, I. (1980). Quarterly dividend and earnings announcements and stockholders' returns: an empirical analysis. *The Journal of Finance, 35*(1), 1-12.

AlGhazali, A., Al-Yahyaee, K. H., Fairchild, R. y Guney, Y. (2023). What do dividend changes reveal? Theory and evidence from a unique environment. *Review of Quantitative Finance and Accounting*, 1-41.

Ali, H. (2022). Corporate dividend policy in the time of COVID-19: Evidence from the G-12 Countries. *Finance Research Letters, 46*, 102493, 1-8.

Allen, F. y Michaely, R. (2003). Payout policy. *Handbook of the Economics of Finance, 1*, Part A, 337-429.

Allen, F. y Morris, S. (2006). *Game theory models in finance. Game theory and business applications.* Kalyan Chatterjee & William Samuelson, Kluwer Editions, 17-41.

AlOmari, A. (2024). Game theory in entrepreneurship: A review of the literature. *Journal of Business and Socioeconomic Development, 4*(1). Emerald Publishing Limited, 84-94.

Arend, R. J. (2015). Entrepreneurs as sophisticated iconoclasts: rational rule-breaking in an experimental game. *Journal of Small Business Management, 54*(1), 319-340.

Arrázola, M., De Hevia, J. y Mato, G. (1992). Determinantes de la distribución de dividendos. *Investigaciones Económicas (segunda época), XVI*(2), 235-258.

Auerbach, A. J. (1983). Taxation, corporate financial policy and the cost of capital. *Journal of Economic Literature, 21*(3), 905-940.

Baker, M. y Wurgler, J. (2004). Catering theory of dividends. *The Journal of Finance, LIX*(3), 1125-1165.

Barclay, M. J. (1987). Dividends, taxes, and common stock prices: The ex-dividend day behavior of common stock prices before the income tax. *Journal of Financial Economics, 19*(1), 31-44.

Bertrand, J. (1883). Review of theorie mathematique de la richesse sociale and recherches sur les principes mathematique de la theorie des richesse. *Journal des Savants, 67,* 499-508.

Besner, M. (2021). The grand dividends value. *MPRA Paper, 112142,* 1-19.

Bhattacharya, S. (1979). Imperfect information, dividend policy, and «The Bird in the Hand» fallacy. *The Bell Journal of Economics, 10*(1), 259-270.

Black, F. y Scholes, M. (1974). The effects of dividend yield and dividend policy on common stock prices and returns. *Journal of Financial Economics, 1*(1), 1-22.

BME (Bolsas y Mercados Españoles) (2023). *Informe de Mercado 2022.* https://tinyurl.com/565ns37u

Borel, E. (1921). La théorie du jeu et les équations intégrales à noyau symétrique. *Comptes Rendus de l'Académie des Sciences, 173,* 1304-1308.

Brickley, J. A. (1983). Shareholder wealth, information signaling and the specially designated dividend: An empirical study. *Journal of Financial Economics, 12*(2), 187-209.

Brown, S. J. y Warner, J. B. (1985). Using daily stock returns: The case of event studies. *Journal of Financial Economics, 14*(1), 3-31.

Castañeda, G. (1995). The political economy of Mexico, 1940-1988: A game theoretical view. *European Journal of Political Economy, 11*(2), 291-316.

Charbti, S. (2020). *Dividend policy, irrationality approaches and behavioral corporate finance: Theory and evidence. Business administration.* Université Bourgogne Franche-Comté; Université de Tunis El Manar, 1-305.

Charest, G. (1978). Dividend information, stock returns and market efficiency-II. *Journal of Financial Economics, 6*(2-3), 297-330.

Chatterjee, K. y Lilian, G. (1986). Game theory in marketing science uses and limitations. *International Journal of Research in Marketing, 3*(2), 79-93.

Chinpiao, L. y An-Sing, C. (2015). Do firms use dividend changes to signal future profitability? A simultaneous equation analysis. *International Review of Financial Analysis, 37,* 194-207.

Christie, W. G. (1994). Are dividend omissions truly the cruelest cut of all? *The Journal of Financial and Quantitative Analysis, 29*(3), 459-480.

Cournot, A. (1838). *Researches into the mathematical principles of the theory of wealth.* Editado por W. J. Ashley. The Macmillan Company.

Darling, P. G. (1957). The influence of expectations and liquidity on dividend policy. *Journal of Political Economy, 65*(3), 209-224.

DeAngelo, H., DeAngelo, L. y Skinner, D. J. (2008). Corporate payout policy. *Foundations and Trends in Finance, 3*(2-3), 95-287.

Edgeworth, F. Y. (1881). *Mathematical psychics; an essay on the application of mathematics to the moral sciences.* C.K. Paul.

Elert, N., Henrekson, M. y Wernberg, J. (2016). Two sides to the evasion: the pirate Bay and the interdependencies of evasive entrepreneurship. *Journal of Entrepreneurship and Public Policy, 5*(2), 176-200.

Fama, E. F. y Babiak, H. (1968). Dividend Policy: An empirical analysis. *Journal of the American Statistical Association, 63*(324), 1132-1161.

Farrar, D. y Selwyn, L. (1967). Taxes, corporate policy, and return to investors. *National Tax Journal, 20,* 444-454.

Feria, J. M. (2005). *El riesgo de mercado. Su medición y control.* Delta Publicaciones, 98-99.

Friedman, D. (1991). Evolutionary games in economics. The Econometric Society. *Econometrica, 59*(3), 637-666.

Funke, C. (2007). *Applying GAME Theory in finance.* GRIN Verlag.

Gian, P. y Robiyanto, R. (2023). Factors affecting the inconsistency of dividend policy using dynamic panel data model. *SN Business & Economics, 3*(53).

Gibbons, R. (1992). *Game theory for applied economists.* Princeton University Press, 265.

Gómez-Bezares, F. y Apraiz, A. (2012). Política de dividendos. *Revista de Contabilidad y Dirección, 15,* 166-183.

González, F. (1996). El efecto precio de la política de dividendos: hacia una integración de los paradigmas de señales y agencia. *Revista Española de Financiación y Contabilidad, XXV*(88), julio-septiembre, 581-606.

Gordon, M. J. (1963). Optimal investment and financing policy. *The Journal of Finance, 18,* 264-272.

Hail, L., Tahoun, A. y Wang, C. (2014). Dividend payout and information shocks. *Journal of Accounting Research, 52*(2), mayo, 403-451.

Ham, C. G., Kaplan, Z. R. y Leary, M. T. (2020). Do dividends convey information about future earnings? *The Journal of Financial Economics, 136,* 547-570.

Hammer, P. L., Peled, U. N. y Sorensen, S. (1977). Pseudo-boolen functions and game theory. I. Core elements and Shapley value. *Cahiers du CERO, 19,* 159-176.

Harakeh, M. (2020). Dividend policy and corporate investment under information shocks. *Journal of International Financial Markets, Institutions & Money, 65.*

Harsanyi, J. C. (1953). Cardinal utility in welfare economics and in the theory of risk-taking. *Journal of Political Economy, 61*(5), 434-435.

Hayes, A. (2022). Dividend signaling: Definition, theory, research and examples. *Investopedia.* https://tinyurl.com/mw595ndy.

Hidalgo, S. (2023). *Juegos dinámicos con información incompleta.* Universidad de Cantabria (1-6).

Higgins, R. (2009). The corporate dividend-saving decision. *Journal of Financial and Quantitative Analysis, 7*(2), marzo, 1527-1541.

Homburg, C., Müller, C. y Nasev, J. (2018). How important are dividend signals in assessing earnings persistence? *Contemporary Accounting Research, 35*(4), invierno, 2082-2105.

Hubbard, G. (2016). *Dividend policy in a business game environment.* BALAS 2016 Annual Conference, São Paulo, Brazil, 2016. Conference Proceedings, 1-19.

Jabbouri, I. (2016). Determinants of corporate dividend policy in emerging markets: Evidence form MENA stock markets. *Research in International Bussines and Finance, 37,* 283-298.

Jalan, K. (2021). Game theory and the stock market. *Youth Policy Review* (31 de julio).

Juichia, J. y Lee, C. (2021). Does managerial reluctance of dividend cuts signal future earnings. *Review of Quantitative Finance and Accounting, 56,* 453-478.

Khan, N., Burton, B. y Power, D. (2016). Share price behavior around dividend announcements in Pakistan. *Afro-Asian Journal of Finance and Accounting, 6*(4), 351-373.

Kim, K., Park, Y. y Lee, J. (2022). Combined dividend and earnings reporting policies: Signaling or managerial opportunism?, *Korean Accounting Review, 47*(3), 205-242.

Kirshman, J. E. (1993). *Principles of investment.* MacGraw-Hill.

Kuechle, G. (2013). The determinants of effective entrepreneurial behavior: an evolutionary game theory critique. *International Journal of Management, 30*(2), 507-521.

León, P. (2020). *Manual básico de bolsa.* Editorial Universitas, 71-73 y 183-186.

León, P. (2021). *Financiación empresarial.* Ediciones Pirámide, 96-105.

Liljeblom, E., Mollah, S. y Rotter, P. (2015). Do dividends signal future earnings in the nordic stock markets? *Review of Quantitative Finance and Accounting, 44*(3), 493-511.

Lintner, J. (1956). Distribution of incomes of corporations among dividends, retained earnings and taxes. *American Economic Review, 46*(2), 97-113.

Litzenberger, R. H. y Ramaswamy, K. (1982). The effects of dividends on common stock prices. *The Journal of Finance, 37*(2), mayo, 429-443.

Lobao, J., Piedade, P. y Nippani, S. (2022). Does stocks trading volume signal future dividends? Evidence from the Iberian firms. *Portuguese Economic Journal, 21,* 53-66.

Mascarellas, J. (2011). Política de dividendos en la práctica. *Monografías sobre finanzas corporativas.* Universidad Complutense de Madrid, 1-29.

Menéndez, C. y Guerrero, S. (1994). La controversia sobre la política de dividendos: revisión y síntesis. *Revista Española de Financiación y Contabilidad, 23*(80), julio-septiembre, 793-816.

Metha, C., Jain, P. K. y Yadav, S. (2014). Market reaction to stock dividends: Evidence from India. *Vikalpa, 39*(4), octubre_diciembre, 55-72.

Migdalas, A. (2003). Applications of game theory in finance and managerial accounting. *Operational Research. An International Journal,* 2(2), 209-241.

Miller, M. y Modigliani, F. (1961). Dividend policy growth and the valuation of shares. The graduate school of business of the University of Chicago. *The Journal of Business, XXXIV*(4), octubre, 411-433.

Miller, M. y Scholes, M. (1982). Dividends and taxes: Some empirical evidence. *Journal of Political Economy, 90,* 1118-1141.

Miralles-Quirós, J. L. y Miralles-Quirós, M. M. (2022). Estrategias de formación de carteras rentables en empresas de energía renovables. *Boletín de Estudios Económicos, VLXXVII*(233), diciembre. Deusto Business Alumni, 33-46.

Myers, S. y Majluf, N. (1984). Corporate financing and investment decisions when firms have information that investors do not have. NBER Working Paper Series. Working Paper núm. 1396. *National Bureau of Economic Research,* julio, 1-61.

Myerson, R. B. (1978). Refinements of the Nash equilibrium concept. *International Journal of Game Theory, 7*(2), 73-80.

Núñez, M. (1994). Factores influyentes en el reparto de dividendos. *Revista Española de Financiación y Contabilidad, 78,* 33-69.

Oster, S. (1999). *Modern competitive analysis.* Oxford University Press, 446.

Palacín, M. J. (2010). ¿Informan los dividendos sobre las ganancias futuras? Evidencia empírica en el caso español. Universidad La Salle, México. *Revista del Centro de Investigación, 9*(33), enero-julio, 31-44.

Park, K. S. y Rhee, K. J. (2017). Dividend policy and the sensitivity of firm value to dividend announcements and investment. *Journal of Business and Management, 6*(1), 1-18.

Pastor, M. J. (1999). El efecto informativo del anuncio de dividendos en el mercado español. La gestión de la diversidad. XIII Congreso Nacional, IX Congreso hispano-francés, Logroño (La Rioja). https://tinyurl.com/yckymax7

Peña, M. A., Ibáñez, F. J. y Pérez, M. A. (2015). Reflexiones sobre la titulización como herramienta para mejorar la relación de agencia accionistas-directivos. En J. Pindado García y G. Payne, *Estableciendo puentes en una economía global* (vol. 1, 2008, Ponencias, 1-16).

Peters, J. (2008). *The ultimate dividend playbook. Income, insight and independence for today's investor.* John Wiley & Sons.

Pettit, R. (1972). Dividend announcements, security performance and capital market efficiency. *Journal of Finance, 27,* 993-1008.

Pindyck, R. y Rubinfeld, D. (2009). *Microeconomía.* Pearson Educación.

Puspitaningtyas, Z. (2019). Empirical evidence of market reactions based on signaling theory in Indonesia Stock Exchange. Business perspectives. *Investment Management and Finantial Innovatios, 16*(2), 66-77.

Reengusia, A. (2022). How game theory is used to predict stock market trends. *Journal of Emerging Technologies and Innovative Research (JETIR), 9*(9), septiembre, 714-724.

Reig, A. y Alarcón, S. (2004). La política de dividendos y la teoría de agencia. La emisión de acciones para financiar el pago de dividendos. Universidad de Valencia. *ESIC market*, enero-abril, 127-150.

Rossi, F. y Harjoto, M. (2019). Corporate non-financial disclosure, firm value, risk and agency costs: Evidence from Italian Listed Companies. *Review of Managerial Science, 14*, 1149-1181. https://tinyurl.com/5c6c35xy

Ruiz, F. J. y Espitia, M. A. (1996). La formación de precios de las acciones alrededor del pago de dividendos en el mercado de capitales español. *Revista Española de Financiación y Contabilidad, 86*, 179-198.

Sáez, M. y Gutiérrez, M. (2019). Recompras y operativas de acciones propias. *Boletín de la CNMV, trimestre III*, 99-130.

Salmerón, R. y Ruiz-Medina, M. D. (2011). Functional statistical time series analysis of the dividend policy of spanish companies. *AESTIMATIO. The IEB Journal of Finance, 3*, 2-17.

Seyedimany, A. (2019). Stock price reactions on NASDAQ Stock Exchange for special dividend announcements. *Emerging Science Journal, 3*(6), diciembre, 382-387.

Shahrbabaki, A. A., Sakkaki, S., Parsa, P., Heidary, M. S. y Pour, V. H. (2020). Strategic reactions to information content of dividend change: Applying BCG Growth Share Matrix when signalling hypothesis identified. *Entrepreneurship and Sustainability Issues, 8*(2), 10-32. https://tinyurl.com/4t6ky7ry

Shefrin, H. y Statman, M. (1984). Explaining investor preference for cash dividends. *Journal of Financial Economics*, 13, 253-282.

Sundar, H., Zaveri, I., Shah, I., Pais, G. y Pandya, J. (2018). Game theory application in various fields of work. *International Journal of Management and Commerce Innovations, 5*(2), octubre 2017-marzo 2018, 303-310.

Syofyan, R., Gusma, D. y Apraduya, R. (2020). Influence of company value information, dividend policy and capital structure on stock price. *SAR (Soedirman Accounting Review): Journal of Accounting and Business, 6*(2), otoño.

Thakor, A. (1991). Game theory in finance. *Financial Management, 20*(1), primavera, 71-92.

Torres, C. (2022). Todo sobre los dividendos. Conceptos, ventajas, estrategias, resultados. *Monografía Invesgrama, 1*.

Tucker, A. W. y Kuhn, H. W. (1950). Contributions to the theory of games. Volume 1, *Annals of Mathematical Studies, 24*. Princeton University Press.

Ullah, M., Lakhan, G., Channa, A. y Gul, S. (2021). Game theory and stock investment. *Multicultural Education, 7*(6), 40-54.

Vasil, V. A. (1978). Support function of the core of a convex game. *Optimazacija, 21*, 30-35.

Vendrell, A., Borràs, F. X. y Cámara, X. (2019). *La relevancia de la política de dividendos.* Universitat Oberta de Catalunya, septiembre.

Vicente, J. A. (2023). *Modelización: técnicas de Monte Carlo y estimación bayesiana.* Máster en Investigación en Economía, UNED.

Von Neumann, J. (1928). Zur theorie der gesellschaftsspiele. *Mathematische Annalen, 100,* 295-300.

Von Neumann, J. y Morgentsen, O. (1944). *Theory of games and economic behavior.* Princeton University Press.

Von Stackelberg, H. (1934). *Marktform und Gleichgewicht.* Springer.

Wang, X. (2022). Evolutionary game theory and stock market investment behavior: Based on the empirical analysis and the multiple regression analysis of chinese household finance survey. *ICEMME 2022,* 18-20 de noviembre, Nanjing, China.

Wang, Y., Li, A. y Liu, J. (2022). Earnings management behavior of enterprise managers based on evolutionary game theory. *Computational Intelligence and Neuroscience,* 19 de marzo, 8037226.

Wei, X., Truong, C. y Do, V. (2020). When are dividend increases bad for corporate bonds? *Accounting and Finance, 60*(2), 1295-1326.

Williams, J. B. (1938). *The theory of investment value.* North-Holland Publishing Company.

Wright, K. (2022). *Los dividendos aún no mienten: la estrategia de inversión creada por Geraldine Weiss.* Antonio Rico (ed.). Colección Baelo.

Zermelo, E. (1913). *Über eine anwendung der mengenlehre auf die theorie des schachspiels.* http://webdocs.cs.ualberta.ca/~hayward/396/asn/zermelo.pdf

APÉNDICE
DIVIDENDOS PAGADOS DURANTE
EL PERÍODO DE ESTUDIO

BBVA		Caixabank		Santander	
22/12/2015	0,080	25/02/2016	0,040	28/12/2015	0,050
11/03/2016	0,130	28/04/2016	0,040	28/06/2016	0,055
22/06/2016	0,080	22/09/2016	0,040	26/07/2016	0,045
15/09/2016	0,080	17/11/2016	0,040	07/04/2017	0,055
21/12/2016	0,080	23/02/2017	0,060	03/07/2017	0,060
01/02/2017	0,130	23/10/2017	0,070	31/07/2017	0,040
27/09/2017	0,090	17/11/2016	0,040	23/03/2018	0,060
01/02/2018	0,150	22/02/2018	0,080	25/06/2018	0,065
26/09/2018	0,100	25/10/2018	0,070	16/07/2018	0,035
01/02/2019	0,160	01/02/2019	0,100	18/12/2018	0,065
02/10/2019	0,100	26/03/2020	0,070	12/04/2019	0,065
31/01/2020	0,160	29/01/2021	0,027	24/09/2019	0,100
30/04/2020	0,000	28/01/2022	0,146	29/01/2020	0,100
29/01/2021	0,059			29/01/2020	0,030
30/09/2021	0,080			29/07/2020	0,100
03/02/2022	0,230			25/03/2021	0,028
29/09/2022	0,120				
Endesa		Naturgy		Redeia	
26/04/2016	0,626	01/01/2016	0,4078	25/02/2016	2,3194

23/11/2016	0,700	04/05/2016	0,5922	20/12/2016	0,2382
26/04/2017	0,633	20/04/2017	0,6700	23/02/2017	0,6205
22/11/2017	0,700	26/07/2017	0,3300	02/11/2017	0,2549
23/04/2018	0,682	27/06/2018	0,6700	19/02/2018	0,6639
21/11/2018	0,700	24/07/2018	0,2800	31/10/2018	0,2727
12/04/2019	0,727	05/10/2018	0,4500	20/02/2019	0,7104
27/11/2019	0,700	05/03/2019	0,5700	30/10/2019	0,2727
05/05/2020	0,775	23/07/2019	0,2940	26/02/2020	0,7792
26/11/2020	0,700	29/10/2019	0,4730	28/10/2020	0,2727
30/04/2021	1,314	16/03/2020	0,5930	24/02/2021	0,7273
25/11/2021	0,500	15/04/2020	0,3100	27/10/2021	0,2727
29/04/2022	0,937	28/10/2020	0,5000	23/02/2022	0,7273
21/11/2022	0,500	09/03/2021	0,6300	26/10/2022	0,2727
Repsol		**Telefónica**		**Mapfre**	
30/03/2016	0,450	12/05/2016	0,400	03/05/2016	0,070
14/11/2016	0,353	27/10/2016	0,350	10/10/2016	0,060
29/03/2017	0,450	29/03/2017	0,200	28/04/2017	0,085
29/11/2017	0,388	29/03/2017	0,200	26/10/2017	0,060
09/04/2018	0,505	08/06/2018	0,200	27/04/2018	0,085
28/11/2018	0,424	08/06/2018	0,200	28/09/2018	0,060
31/05/2019	0,505	07/06/2019	0,200	30/04/2019	0,085
31/10/2019	0,420	07/06/2019	0,200	26/09/2019	0,060
11/12/2019	0,424	12/06/2020	0,200	30/04/2020	0,085
10/06/2020	0,492	29/10/2020	0,200	30/10/2020	0,050
11/12/2020	0,288	23/04/2021	0,200	29/04/2021	0,076
11/06/2021	0,300	03/11/2021	0,150	29/10/2021	0,060
11/12/2021	0,300	27/04/2022	0,150	28/04/2022	0,086
24/05/2022	0,330	03/11/2022	0,150	28/10/2022	0,060
27/10/2022	0,350